TU PESO NO ES EL PROBLEMA

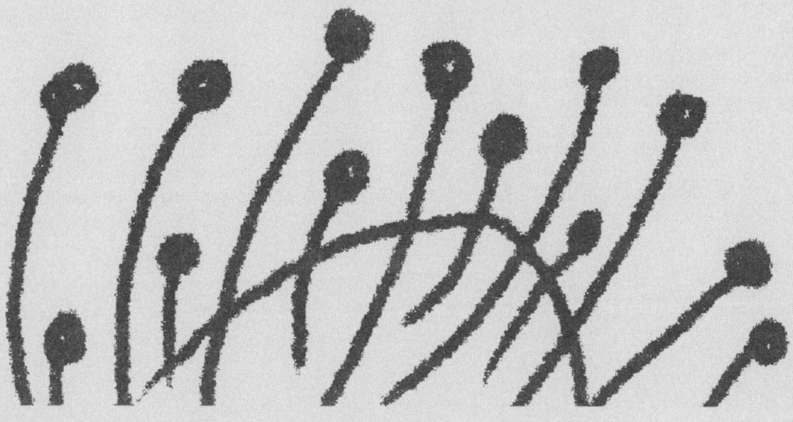

Raquel Lobatón

TU PESO NO ES EL PROBLEMA

Cuestionamientos a la cultura de dietas y herramientas para la liberación corporal

Grijalbo

El papel utilizado para la impresión de este libro ha sido fabricado a partir de madera
procedente de bosques y plantaciones gestionadas con los más altos estándares ambientales,
garantizando una explotación de los recursos sostenible con el medio ambiente y beneficiosa para las personas.

Penguin
Random House
Grupo Editorial

Tu peso no es el problema

*Cuestionamientos a la cultura de dietas
y herramientas para la liberación corporal*

Primera edición: julio, 2024

ISBN: 978-607-384-380-5

Impreso en México – *Printed in Mexico*

Índice

TÚ

NOSOTRAS

A mi madre y a mi padre, que me criaron
en un ambiente seguro y crítico.
A mi inigualable esposo, que abrazó
y encarnó mi deconstrucción.
A mi hija e hijos, mi razón para seguir cambiando al mundo.
A mi tribu de mujeres, que son mi espacio
de contención y sostén.

Prólogo

Abro la última versión del libro de Raquel Lobatón en mi computadora y me viene a la cabeza el encuentro de hoy por la mañana con mi manicurista. Mi manicurista es una mujer joven y dulce, de aproximadamente treinta años, madre de dos hijos pequeños. Es, también, una mujer gorda. Nunca hablamos de su peso, pero hoy, mientras acababa de aplicarme mi esmalte de uñas negro, me dijo que quiere arreglarse la dentadura: "Si no puedo adelgazar, por lo menos que mis dientes dejen de avergonzarme", me confesó con un poco de pena. "¿Sabías que no *tienes que* enflacar?", la cuestioné con suavidad. "No hay ninguna forma segura o saludable de perder peso de manera permanente; nos han vendido esa idea, esa idea de que estamos obligadas a querer perder peso, y de que *debemos* estar en constante búsqueda de ello. Nos han dicho que podemos hacerlo, que está en nuestras manos, que depende de nosotras. Y que es la única manera de estar sanas y de ser felices. Pero no es verdad. Nos han vendido una gran mentira, y la hemos creído sin hacer preguntas". Me miró atónita. "Nunca nadie me había dicho esto", respondió de inmediato. "Eres la primera persona de quien lo escucho", remató. A partir de ese momento, me habló largo y tendido de su historia (tanto como se pudo hasta que terminó la manicura). Me dijo que había hecho todas las dietas, incluso las más extremas. Me contó que trataron de convencerla de operarse (sí, de hacerse esa cirugía en la cual le cortan a la persona una gran parte del estómago, y que tiene tremendos efectos secundarios), pero que sintió miedo. Miedo a ese cambio radical, después del cual seguramente su vida cambiaría de manera brusca. Me confesó: "He pasado por depresiones tan profundas cuando me someto a dietas que no quiero imaginarme lo que sucedería después de una cirugía como esas". También "la inyección" le causó gran malestar: "La semana pasada me apliqué el Ozempic porque muchas amigas lo han hecho", admitió. "Me sentí tan mal... sentí un cansancio terrible, náuseas... Estaba tan triste, tan deprimida... Tuve que faltar al trabajo". Me contó cómo en el pasado había perdido muchísimo peso y, por supuesto, se culpó de no haberse podido mantener así. "Tú no tienes la culpa", traté de consolarla, conmovida: "Las que no funcionan son las dietas, no tú". Finalmente, admitió que cuando no está a dieta come de manera más relajada; no se siente perseguida, no está pensando constantemente en comida. "Así es como soy más feliz", me dijo, tan apenada como si le remordiera la conciencia, como si hubiese pecado o cometido un delito. "Me siento vital, con energías. Me siento yo".

Salí del salón de uñas acongojada, pensando en lo increíble que es esta mentira según la cual perder peso de manera permanente y de forma voluntaria es posible, deseable e, incluso, un requisito para ser felices, sanos y "morales", increíble que esta mentira continúe siendo tan incuestionable y dominante. "Debemos perder peso", "debemos ser delgadas"; estas frases se nos presentan como verdades absolutas, como si nos estuvieran diciendo que el sol brilla cada mañana o que la tierra es redonda. Son frases que ni siquiera son pensadas, calibradas o probadas. "Eres la primera persona a la que escucho decir esto", recuerdo una vez más lo que me dijo mi manicurista, y estoy segura de que varias de sus clientas le han ofrecido ya uno y mil tratamientos para que haga lo que *tiene que* hacer, métodos humillantes porque "se preocupan por ella", "por su salud". Consejos "amorosos" detrás de los cuales se esconden los juicios, los reclamos: dejada, floja, glotona, incontrolable, indisciplinada... tal vez perversa y hasta monstruosa.

Empezar este prólogo citando el encuentro con mi manicurista es algo que me pareció necesario. Y, aunque historias de este tipo están en todas partes, pienso que debemos contarlas siempre para que —ojalá— dejen de suceder de una buena vez.

Como es de esperarse, este libro está hecho de anécdotas similares, pero no únicamente de ellas. Este libro constituye en sí mismo el antídoto que desmantela estas narrativas, es la herramienta a través de la cual podemos verlas con nitidez, analizarlas, entender el porqué de ellas y la razón por la cual la crueldad que las caracteriza ha sido normalizada. Mediante la lectura de este libro comprendemos y reconocemos la persistencia de estas historias tan implacables en un mundo en el que la discriminación y marginalización —por casi cualquier otra causa— son fuertemente condenadas. Raquel Lobatón nos muestra que la gordofobia es rampante, está ahí, todo el tiempo, acechándonos. Es un monstruo opresor con decenas de brazos; un monstruo que nos abraza (y nos ahoga) constantemente sin que podamos verlo claramente: sentimos el apretón, sentimos que nos falta el aire, sentimos el dolor, el sufrimiento, pero creemos que *así es*, que esa es la única manera de vivir -o si no la única, por lo menos la correcta, la verdadera, la deseable.

La filósofa feminista Sandra Lee Bartky escribió ampliamente sobre feminidad y dominación. En su texto titulado "Foucault, la feminidad y la modernización del poder patriarcal", Bartky argumenta que el cuerpo femenino ha sido disciplinado y controlado principalmente gracias a la cultura de dietas y la forma en la que ésta se ha internalizado y vuelto parte integral e incuestionable de la feminidad. En vez de contenernos impidiéndonos salir de casa y reduciéndonos a simples úteros, maquinas reproductivas, las mujeres somos ahora dominadas sutilmente, mediante la disciplina internalizada que nos obliga a pensar que nuestro cuerpo tiene que encogerse a como dé lugar, y que tenemos que invertir la vida en ello. Nos hemos convertido en nuestro propio policía, de manera tal que ni siquiera tenemos que esperar a que las sanciones por no cumplir con el mandato de la delgadez lleguen: los castigos vienen por nuestra cuenta. En palabras de Bartky:

> La dieta ejerce disciplina sobre el hambre del cuerpo: el apetito debe ser monitoreado en todo momento y gobernado mediante una voluntad de hierro... Las técnicas disciplinarias a través de las cuales los "cuerpos dóciles" de las mujeres se construyen, buscan una regulación que es perpetua y exhaustiva: una regulación del tamaño y contorno del cuerpo, de sus apetitos, de sus posturas, sus gestos, y en general de su comportamiento en el espacio y la apariencia de cada una de sus partes visibles... La mujer que se mira al espejo una docena de veces al día... o que, sintiéndose gorda, controla todo lo que come, se ha convertido, exactamente igual al recluso del panóptico, en un sujeto que se autocontrola, una sí misma comprometida con una autovigilancia

> implacable. Esta autovigilancia es una forma de obediencia al patriarcado.*

Pero podemos rebelarnos contra esta obediencia, contra esta docilidad. Hemos de hacerlo si queremos ser más que seres domesticados, sin libertad alguna. Raquel Lobatón nos invita a hacerlo en este libro, nos invita y nos da la mano, nos acompaña para que lo hagamos de forma segura, informada y también alegre, con regocijo. Prometo que leerás estas páginas entre lágrimas y risas, porque a la vez que sentirás el dolor por finalmente reconocer la cárcel en la que hemos estado presas sin saberlo, experimentarás también el gozo de la liberación, del por fin ver la luz al final del túnel, de saber que tienes la posibilidad de vivir en tu cuerpo sin oponerte él.

En muchos sentidos, Raquel Lobatón nos otorga aquí un texto feminista por excelencia: nos transforma al mostrarnos que la oscura realidad en la que vivimos es antinatural, que es intolerable y que nuestro proyecto debe ser el de la oposición a esa constante vigilancia, a esa restricción y censura.

Bartky sostiene que la conciencia feminista se caracteriza no solo por reconocer las contradicciones de la realidad a la que observa, sino por reconocer, sobre todo, que esta realidad contradictoria es inestable y que contiene las semillas de su propia disolución. La lucha feminista nos llama, entonces, no solo a ver las injusticias, sino a rebelarnos contra ellas.** A esta lucha se une Raquel Lobatón con este libro.

---

* Bartky, S., "Foucault, la feminidad y la modernización del poder patriarchal". Universidad del Valle, Centro de Estudios de Género, Mujer y Sociedad. [1990], 2008, pp. 139, 149 y 150.

** *Ídem*, "Toward a Phenomenology of Feminist Consciousness". *Social Theory and Practice*, 1975, 3(4), 425-439. http://www.jstor.org/stable/23557163

A pesar de que probablemente sean las mujeres quienes se sientan mayormente aludidas, este texto también es para lectores hombres. En realidad, es para todes: para todo el que ha sufrido en carne propia la opresión por gordofobia y por la cultura de dietas. Muchos estamos en esto, juntos, y Raquel Lobatón nos acompaña a todes: nos acompaña con paciencia, con claridad y con entusiasmo en este camino. Te envidio, lector, por tener este libro en tus manos; ahora que estás por empezar este viaje serán muchas las cosas nuevas y emocionantes que se revelarán ante ti. En lo que a mí respecta, espero pronto poder regalarle este libro a mi manicurista porque en estas páginas se encuentra todo lo que hoy quise decirle y no supe cómo, se encuentra el abrazo que hubiera querido darle.

SARA COHEN SHABOT

Este libro va dedicado a ti

A ti que creciste creyendo que tu cuerpo era un problema a resolver.

A ti que has pasado tu vida sumergida en un ciclo interminable de dietas y tratamientos para perder peso sin lograrlo nunca de forma definitiva.

A ti que durante años te has restringido y privado de comer cuanto deseas.

A ti que has odiado tu cuerpo al grado de estar dispuesta a hacer lo que sea con tal de modificarlo.

A ti que has sido maltratada y violentada en centros de salud por profesionales que achacan todos tus malestares a tu peso.

A ti que has experimentado la discriminación y la gordofobia cuando llegas a una tienda y no encuentras ropa de tu talla.

A ti que terminaste desarrollando un Trastorno de la Conducta Alimentaria por intentar llegar al cuerpo que te dijeron que debías tener.

A ti que te has sentido eternamente frustrada por no poder mantener el peso perdido después de una dieta.

A ti que creciste pensando que engordar era un fracaso y enflacar un logro.

A ti que has pasado tu vida comiendo con culpa, miedo o vergüenza.

A ti que has vivido obsesionada con el ejercicio y sintiendo culpa cuando no puedes hacerlo.

A ti que has vivido discriminación por tu peso en el ámbito laboral, afectivo, médico o familiar.

A ti que pasas mucho tiempo de tu día pensando en comida.

A ti que no has podido vivir nunca en paz en tu cuerpo.

Mi esperanza es que en este libro encuentres soporte, recursos e información que te ayuden a salir de ese lugar.

Consideraciones de lenguaje

El libro que tienes en tus manos es un libro antidietas; es decir, es un libro que denuncia y reta todos esos programas de alimentación que pretenden hacernos bajar de peso. Es un libro que promueve la liberación corporal y reclama un trato justo y digno hacia todos los tamaños de cuerpo. Es un libro que se alinea con los principios del movimiento Health at Every Size (HAES®), en español Salud en Todas las Tallas, e intenta romper paradigmas.

Antes de empezar a leer es importante que conozcas las siguientes consideraciones de lenguaje, mismas que se aplican a todo el texto:

- A lo largo del libro, la palabra *dieta* se referirá siempre a cualquier método, plan o programa de alimentación cuya intención sea la pérdida voluntaria de peso corporal. Si bien de manera estricta el término dieta se refiere al conjunto de alimentos que las personas ingieren de forma cotidiana, en nuestros días la palabra ha sido secuestrada por la industria de las dietas, de forma que, coloquialmente, "estar a dieta" se entiende como la serie de reglas o restricciones alimentarias a que se someten las personas con la finalidad de adelgazar.

En este libro, la palabra *dieta* hace referencia justamente a este último concepto.

- Las personas que trabajamos bajo un enfoque de salud no centrado en el peso y retamos a la cultura de dietas, denunciamos el uso de las palabras *~~sobrepeso~~* y *~~obesidad~~*, dado que las consideramos palabras estigmatizantes y opresivas. La palabra *~~sobrepeso~~* hace un juicio de valor de forma automática, de tal manera que, al usarla, se asume que la persona aludida tiene más peso del que debería tener. Dado que la diversidad corporal existe y las personas venimos en tamaños y formas diversas, nadie tiene la capacidad ni la autoridad para decir cuánto debería pesar una persona. Decir que una persona tiene ~~sobrepeso~~ es tan absurdo como decir que una persona alta tiene "sobreestatura" o que una persona de piel oscura tiene "sobrepigmentación". Por su parte, la palabra *~~obesidad~~* es una palabra tremendamente estigmatizante que etimológicamente deriva del latín *obesus:* aquel que comió hasta volverse gordo.[1] Además, es una palabra patologizante, pues se asume que las personas en esa categoría, creada de forma arbitraria en el siglo XX, automáticamente están enfermas. Es por eso que, en este libro, esas palabras se utilizarán solo en casos estrictamente necesarios o que tengan que ver con la cita de artículos científicos. Cuando se utilicen, aparecerán siempre tachadas, a forma de denuncia.
- Uno de los objetivos de este libro es contribuir de manera contundente a la desestigmatización de la gordura. Una forma de hacerlo es reclamando la palabra *gorda* o *gordo* para liberarla de todas las connota-

ciones negativas que la sociedad le ha adjudicado. Los movimientos de liberación gorda incitan el uso de esta palabra como un adjetivo calificativo más, tal como flaca, alta, baja o morena. En estas páginas, las palabras *gorda*, *gordo* y *gordura* se utilizarán de forma constante y sin ninguna connotación negativa. Sé que esta palabra puede sonar fuerte para algunas personas; sin embargo, te invito a explorarla y usarla de forma neutral, como el adjetivo calificativo descriptivo que es.

- Este es un libro que denuncia de forma contundente la cultura de dietas, el sistema de creencias que nos ha llevado a pensar que debemos pasar la vida restringiendo la alimentación con la intención de alcanzar o conservar la delgadez. Si bien esta cultura de dietas afecta a todas las personas, independientemente de su identidad de género, ha sido dirigida de forma más incisiva hacia las mujeres. Es por este motivo que decidí escribir en femenino. Si tu identidad de género es otra, no creas que este libro no es para ti. Este mensaje es para todas las personas que han sufrido en un mundo donde les han hecho creer que la delgadez es requisito para vivir y pertenecer. Todas las personas son igualmente bienvenidas a leer, a cuestionar y a desaprender en este espacio que, ante todo, es un espacio donde se pugna por la diversidad en todos los sentidos.
- A lo largo de estas páginas es probable que te encuentres con términos desconocidos. Si bien soy nutrióloga, este no es un libro de nutrición como tal. Verás que se abordarán diversos temas relacionados con cuestiones sociales, filosóficas y de justicia social. Es por ello por

lo que decidí incluir un glosario de términos, muchos de los cuales yo misma desconocía hasta hace apenas unos años. Espero que esto pueda facilitar tu comprensión de los conceptos que aquí se abordan.

Introducción

Cuando pienso en mi infancia recuerdo a una niña callada. Quizás sea solo mi imaginación, pero así me percibía, sobre todo cuando me recuerdo en el ámbito escolar. Pocas veces me atrevía a alzar la voz o a dar mi opinión, y a pesar de que ciertas cosas no me hacían sentido o me parecían injustas, presentía que verbalizarlo en nada las modificaría. Esto que cuento puede ser difícil de creer para mi gente cercana, pues hoy en día pareciera que no me da miedo decir nada y suelo ser esa mujer testaruda con quien es imposible discutir, o la que siempre tiene algo que contrariar.

A lo largo de los años he aprendido a alzar la voz. Ha sido un largo proceso de acomodar y aclarar ideas, de tener largas discusiones, y también de armarme de valor. Decir verdades incómodas y retar creencias intentando romper paradigmas no es fácil, y me ha costado algunas noches sin dormir y unos cuantos enemigos. Sin embargo, hoy en día me siento con la responsabilidad (y también la necesidad) de hacerlo diariamente.

Llevo algunos años escribiendo diario en mis redes sociales. Lo hago de forma religiosa y metódica a primera hora de la mañana. Escribir se ha convertido no solo en un hábito, sino en una necesidad. Me cuesta iniciar mi día sin ese escrito al que de cierta forma me he vuelto un poco adicta.

Y es que, al escribir, y sobre todo al hacerlo ante un creciente público desconocido, me he dado cuenta del impacto tan grande que pueden tener las palabras y del alcance que mis ideas tienen en personas muy lejanas a mí, pero que de cierta manera me sienten (y las siento) cerca.

Apenas en 2018, mi vida profesional comenzó a dar lo que sería un giro de 180 grados. Llevaba más de 20 años ejerciendo mi profesión como una nutrióloga tradicional que básicamente prescribía pérdida de peso. Mi trabajo era muy rutinario y lo ejercía de forma muy metódica: los pacientes llegaban a mi consultorio, los pesaba, les calculaba lo que se consideraba su "peso ideal" y les daba una dieta con la que supuestamente adelgazarían para siempre. Hoy me doy cuenta de que mi trabajo era bastante aburrido; sin embargo, yo me encontraba muy cómoda en esa forma de ejercer mi profesión y ni siquiera imaginaba la posibilidad de salirme de mi zona de confort. Por ese entonces tampoco tenía idea de que pudiera existir otra forma de ejercer la nutrición.

Y mi trabajo sólo se volvía poco a poco más tedioso y frustrante. Los pacientes a quienes prescribía una dieta batallaban muchísimo para mantener el peso perdido e inevitablemente casi todos terminaban recuperándolo. Muchos de ellos regresaban a mi consulta años después de haberlos dado de alta porque habían vuelto a engordar, y lo hacían con la ilusión de que nuevamente les ayudara a llegar a ese supuesto "peso ideal", con la esperanza de que esta vez sí fuera para siempre.

No tengo muy claro el momento exacto en que algo hizo *clic* dentro de mí, pero recuerdo que cada vez me sentía más incómoda con mi trabajo. Me frustraba que mis pacientes no pudieran mantener esa delgadez y llegaba a pensar que quizás yo estaba haciendo algo mal. Además, estaba aburrida, al grado de que, cuando me entraba una llamada de un número desconocido a mi celular, cruzaba los dedos deseando que no fuera un paciente nuevo. Hoy me doy cuenta de que ya no quería dedicarme a eso. Seguía ahí solamente por rutina y comodidad.

Fue por esas fechas cuando también empecé a sentir que la forma de ejercer la nutrición podía estar haciendo daño a mis pacientes, ya que, con mis dietas, ellas no solo recuperaban el peso perdido, sino que volvían a mí con una peor relación con la comida y con su cuerpo. Con cada nueva dieta que hacían, sentían más culpa al comer y se avergonzaban más de su cuerpo. Estaban más confundidas, constantemente incorporaban más y más reglas de alimentación. Cada vez tenían una lista más larga de alimentos prohibidos.

Por fortuna, por esas mismas fechas, descubrí en redes sociales que existía una forma distinta de abordar la nutrición y la salud en general. Comencé a toparme con profesionales de la salud (todas mujeres, por cierto) que habían salido del paradigma tradicional y se habían reinventado profesionalmente, dando una nueva cara a la nutrición y la alimentación. Me encontré con todo un movimiento, basado en ciencia, llamado Salud en Todas las Tallas (HAES®, por sus siglas en inglés), el cual promovía el mismo trato respetuoso hacia todos los cuerpos y veía la salud mucho más allá del peso. Me topé a la vez con que había un modelo de alimentación, también fundamentado en ciencia, llamado Alimentación Intuitiva, cuyo propósito era ayudar a las personas a sanar el enorme daño que las dietas les habían causado. Comencé a leer y a aprender también de mujeres de talla grande que aceptaban su gordura y reclamaban su derecho a ocupar espacio y vivir su vida en los cuerpos que tenían.

Fue muy fuerte, pero a la vez muy liberador, darme cuenta de que existía todo un abordaje de la salud que retaba mis creencias, a la vez que le ponía nombre a cosas que yo intuía, pero no había podido verbalizar. En ese entonces, por primera vez me planteé la posibilidad de que la delgadez no fuera sinónimo de salud, de que quizás las dietas para perder peso no funcionaran y las personas gordas podían permanecer gordas y vivir su vida sin tener que adelgazar. Fue como si, de pronto, todo lo que había construido a lo largo de años de trabajo en mi consulta se derrumbara como un castillo de cartas. Fue sentir una especie de desnudez académica que me dejaba desprotegida y sin rumbo.

Hoy, a la distancia, me doy cuenta de que antes de conocer estos abordajes yo vivía en un tipo de isla o burbuja donde existía una sola narrativa sobre los cuerpos y la salud, y donde predominaba la idea de que todas las personas podían y debían adelgazar a como diera lugar. Un mundo donde había que ser flaca, costara lo que costara.

Jamás me había atrevido a cuestionar este mandato de delgadez y ejercía mi profesión conforme a él. Conocer estos nuevos paradigmas me permitió vislumbrar que quizás existiera otra forma de vivir, que tal vez las cosas no eran como me las habían contado y probablemente existía otra isla, una donde las personas podían habitar sus cuerpos en paz y sin la necesidad de modificarlos ni de adelgazar.

Y fue así como comenzó el anhelo de migrar mi práctica profesional y transformarla en una incluyente y mucho más compasiva. Sin embargo, no sabía por dónde empezar; me sentía perdida pese al deseo de moverme de lugar. Comencé entonces un arduo trabajo de aprendizaje y estudio: empecé a leer cuanto artículo llegaba a mis manos sobre este tema y a seguir muy de cerca a las mentoras y activistas que había encontrado en redes sociales. Y así logré vislumbrar que había un puente por el cual me podía trasladar de mi isla de origen a esa otra que provocaba en mí tanta curiosidad.

Salir de donde estaba no fue fácil. Fue un proceso doloroso, de mucho cuestionamiento, confrontación y deconstrucción. Fue asumir de pronto que aquello a lo que me había entregado profesionalmente por tantos años no me hacía ya el menor sentido, y fue también armarme de valor para reconocerlo, verbalizarlo y abrirlo al mundo, para, como dice una querida amiga, animarme a salir del refri.

Hoy me encuentro muy lejos de la nutrióloga que era hasta hace poco tiempo. Puedo decir que no solo abandoné mi isla de origen, sino que me encuentro parada en otro lugar de forma firme y segura, y además me he atrevido a dinamitar el puente que me unía a esa isla. Hoy me cuesta reconocer a la nutrióloga que fui, y puedo decir que, por primera vez en mi vida profesional, sé lo que es apasionarse por lo que una hace. Además, esta transición profesional a la vez cambió de forma dramática mi vida personal. Nunca pensé que la nutrición pudiera llevarme a formar parte de un movimiento político, a convertirme en activista por la justicia social y a conectarme de forma mucho más profunda con el feminismo.

Con este libro pretendo, además de dejar plasmado mucho de lo que pienso con respecto al tema de los cuerpos y la alimentación, proporcionar algunas herramientas que ayuden a liberarse de la cultura de dietas y los mandatos corporales. Busco que cada persona que lea este libro se atreva a descubrir su propio puente y se anime a cruzarlo con la certeza de que llegará a esa otra isla: una donde cada persona puede vivir la vida que merece en el cuerpo que tiene hoy.

Yo

Crecer como una comedora intuitiva

Siempre he sido delgada. De niña recibía comentarios acerca de lo flaca que estaba, comentarios que siempre venían en tono de halago y validación: "Mira que flaquita y bonita estás", "Qué suerte que eres flaca", "Ojalá nunca engordes". De esta forma, desde muy pequeña, interioricé la idea de que la delgadez era algo bueno, algo que debería conservar y algo por lo que se me alabaría. También entendí que estaba haciendo las cosas bien y por eso tenía ese tamaño de cuerpo digno de admiración. Por supuesto, todas estas narrativas también contribuyeron a que fuera creciendo en mí una especie de superioridad moral y un orgullo. Mi cuerpo complacía las miradas externas, me otorgaba validación y me proporcionaba ventaja sobre aquellas personas que no eran delgadas.

El primer recuerdo que tengo de mujeres haciendo dieta fue por ahí de mis 12 años. Tengo memoria de dos primas, ambas de mi edad y amigas muy cercanas, que habían comenzado con esta práctica. Me parecía un poco extraño verlas con un papel escrito a mano con las instrucciones sobre qué debían comer y en qué momento del día. Por dentro sentía alivio de no tener que someterme a semejante ritual, pues entendía que eso no le correspondía a una niña flaca como yo.

Estas dos primas de quienes hablo tampoco eran mujeres gordas. Sin embargo, supongo que alguien les habrá dicho que su cuerpo debía ser más delgado de lo que era y, como ritual de iniciación a la adolescencia, debían empezar su primera dieta.

Yo era una espectadora de este fenómeno. Conforme pasaba el tiempo, me daba cuenta de que cada vez eran más las mujeres que vivían a dieta y escuchaba quejarse por no poder comer algo que se les antojaba o por quedarse con hambre. Pero sus quejas no eran lamentaciones rebeldes ni furiosas, tenían más bien un tinte de resignación, pues supongo que todas daban por sentado que eso era lo que les tocaba hacer por no ser "lo suficientemente delgadas".

Mientras tanto, yo vivía mi vida. Una vida donde la comida nunca era un tema. Había crecido en una casa donde, a pesar de que mi papá hacía dietas de forma periódica, jamás se había satanizado ningún alimento y nunca hubo reglas de alimentación. Mi madre era la que se ocupaba de que siempre hubiera suficiente comida. Ella hacía las compras, decidía los menús semanales y se encargaba de que tuviéramos acceso a alimentos variados que solían incluir una mezcla de gastronomía mexicana y judía.

Así que crecí comiendo enchiladas, albóndigas y pozole, pero también kipes, lajmayines y sambusaks. Mi madre, además, cuidaba que nuestra despensa siempre estuviera bien surtida de golosinas, chocolates y dulces, los cuales estaban a nuestro alcance. Mis hermanos y yo crecimos comiendo Gansito®, Pulparindo®, Carlos V® y Miguelito®. Jamás se les dio un tipo de valor moral a estos alimentos, es decir, nunca se nos dijo que eran malos o que debíamos evitarlos o comerlos "con moderación". Nunca se nos transmitió la idea de que "no eran nutritivos" o "no era saludable comerlos". Simplemente, se nos presentaban como una opción más disponible. Estas golosinas jamás representaron para nosotros una obsesión ni algo que ansiáramos comer de forma constante. Saber que estaban ahí, a nuestra disposición, como cualquier otro alimento, nos llevó a mirarlos con neutralidad. Jamás fueron alimentos prohibidos ni satanizados, y creo que eso fue fundamental para desarrollar una buena relación con ellos.

Hoy miro hacia atrás y me doy cuenta de que mi madre, sin notarlo y de forma muy natural, nos crio como comedores intuitivos. Jamás nos obligó a comer nada, jamás moralizó la comida y nunca nos premió ni castigó con alimentos. Se encargó además de que la hora de la comida fuera un momento de reunión familiar. Nunca nos forzó a comer más ni nos juzgó por comer mucho. Supongo que, en esa época, las madres no recibían tanta presión para alimentar a sus hijos de forma "nutritiva" y eso le permitió sentirse más libre en el tema. Creo que genuinamente confiaba en nosotros: confiaba en que fuéramos capaces de autorregularnos y entendía que la comida era solo eso, comida. Sin embargo, debo reconocer que quizás mi madre fue también más relajada con nuestra alimentación por el hecho de que los cuatro éramos delgados. No sé si la historia hubiera sido distinta si alguno hubiera sido gordo.

Es así como yo crecí siendo una comedora intuitiva nata. Soy una mujer que jamás ha hecho una sola dieta, que come cuanto quiere y lo que quiere sin pensarlo mucho, que confía en sus decisiones alimentarias y vive sin miedo a engordar. He vivido siempre en conexión con mi cuerpo y con sus señales, hago caso a mi apetito y a mis deseos de comer, disfruto la comida y no siento culpa al comer. Creo que soy una especie en extinción.

Así crecí como comedora intuitiva:

- Nunca he experimentado culpa al comer.
- Jamás he contado calorías ni medido o pesado mi comida.
- Nunca he leído etiquetas en los alimentos.
- Jamás he sentido miedo por engordar.
- La comida ocupa muy poco espacio en mis pensamientos diarios, solo pienso en ella cuando tengo hambre o cuando se me antoja comer.
- Puedo dejar comida en el plato cuando ya no quiero.
- Jamás he sentido obsesión por un alimento en específico.
- Suelo parar de comer cuando estoy satisfecha, sin pensarlo mucho.
- Cuando voy a un restaurante, elijo lo que más se me antoja del menú.
- Si asisto a una reunión social, la comida nunca es una preocupación.
- Como tranquila delante de las personas.
- No siento vergüenza por mis elecciones alimentarias.
- Jamás comparo mi plato con el de los demás.
- Jamás me fijo en lo que los demás están comiendo (salvo que se me antoje y entonces les pida permiso para probar).
- Cuando tengo hambre, ganas de comer algo o antojo, simplemente como. Nunca me cuestiono si debo hacerlo.
- Disfruto mucho la comida.
- Puedo tener en casa mis alimentos favoritos y pasar días sin comerlos porque no se me antojan.

Una decisión impulsiva: estudiar nutrición

En 1989, con tan solo 18 años, decidí estudiar nutrición. Fue una decisión impulsiva que no pensé mucho y me tomé bastante a la ligera. Elegí la carrera más bien por descarte: me gustaban las ciencias; mis materias favoritas en la escuela eran Química y Biología, y nutrición era una carrera "bastante apropiada para mujeres". Aunque llegó a pasar por mi cabeza la idea de estudiar medicina, mis voces internas (y también muchas externas) me decían que eso era territorio masculino, que no me correspondía como mujer estar ahí y una mujer no era capaz de lidiar con una carrera y una profesión tan demandantes. Además, tenía en mi interior muy clara la idea de que en un futuro me terminaría dedicando a cuidar a mis hijos pues, como mandato de género, sí o sí tendrían que llegar en algún momento.

Es necesario entender que allá por la década de 1990 yo no sabía nada de feminismo ni de los roles de género. Crecí en una comunidad conservadora donde se daba por sentado que una mujer tenía que casarse, tener hijos y dedicarse a ellos de forma prioritaria. Mi madre rompió con algunos de los moldes de su entorno y decidió trabajar, algo extraño y disruptivo entre las mujeres a su alrededor. Por muchos años laboró en el rubro de la educación, otro espacio "bien visto" para mujeres, ya que, así como la nutrición, le permitía tener suficiente tiempo libre para "no descuidar" su hogar ni a sus hijos.

Es así que mi mentalidad pragmática me llevó a decidirlo sin titubear: yo, Raquel Lobatón, me convertiría en nutrióloga.

Ingresé a la carrera de Nutrición sin saber bien a lo que iba, pero hay algo que sí tenía claro desde entonces: seguramente me enseñarían a diseñar las mejores dietas, esas que eran tan necesarias para que la gente adelgazara, pues todas las personas del mundo podían y debían ser delgadas. Eso era incuestionable.

El primer recuerdo que tengo de que la gordura era algo que debía y podía arreglarse proviene de mi padre. Como mencioné, es un hombre que en varios momentos de su vida hizo dietas; afortunadamente, nunca hizo comentarios sobre mi cuerpo ni el de mis hermanos, pero él sí pasó largas temporadas intentando perder peso. Mi padre proviene de una familia que se autoproclamó gorda, que de forma constante hacía alusión a lo mucho que comían y lo gordos que algunos estaban. Recuerdo que varios de mis tíos paternos vivían constantemente a dieta, además de que se quejaban cotidianamente de sus cuerpos y su gordura. En las conversaciones familiares solían aparecer burlas frecuentes a esa gordura, que llevó a algunos a nombrarnos "La familia Globatón", que de tan glotona además semeja a un globo. Recuerdo que este tipo de mofas parecían graciosas entre los adultos a mi alrededor, de forma que yo también aprendí que la burla hacia los cuerpos, y particularmente hacia los cuerpos gordos, era algo permitido y socialmente aceptable.

Pero el mensaje de que todas las personas, y especialmente las mujeres, podían y debían ser delgadas también lo recibí de las películas, los libros y los programas de televisión que consumía. De manera constante me topaba con protagonistas como Bridget Jones, que debían ponerse a dieta con la finalidad de adelgazar para atraer la mirada masculina, arreglar su caótica vida y vivir felices para siempre.

Me tocó vivir mi adolescencia en la década de 1980, con los aerobics de Jane Fonda, la popularidad de compañías como Weight Watchers y Jenny Craig, y el inicio del bombardeo de la cultura de dieta en diversos medios. Y por supuesto, todo esto reforzaba en mí ese mandato de delgadez. Era claro que las personas gordas tenían la obligación moral de perder peso, y para lograrlo, el camino era evidente: debían ponerse a dieta.

Y claro que cuando empecé a estudiar nutrición inmediatamente me percaté de que, en efecto, aquel era un espacio femenino: casi éramos solo mujeres, salvo contadas excepciones. Mujeres, además, con un perfil muy peculiar: en extremo competitivas, muy estudiosas y con altos niveles de autoexigencia. Hoy en día entiendo por qué era una carrera "de mujeres", ya que a nosotras se nos ha adjudicado por siglos la responsabilidad de ser las proveedoras de alimento, las que cocinan, preparan y sirven; mientras que a los hombres se les asocia más con el rol de comensales: quienes disfrutan comer y aparte tienen permitido consumir pizzas, hot dogs y hamburguesas. Hoy recuerdo con un poco de tristeza a mi abuela materna, una generosa mujer que recibía cada viernes a toda su familia, más de 25 personas, a comer en su casa. Todos nos sentábamos a la mesa con una enorme variedad de suculentos platillos, pero ella casi nunca se sentaba. Ni siquiera se asignaba un lugar. Solía pasar esas horas preocupada de que los demás comiéramos lo suficiente y estuviéramos bien atendidos; su papel era servirnos. Ella se jalaba una silla y se sentaba a ratitos mientras picoteaba de los platillos que nos ofrecía. No se servía su propio plato ni participaba en las conversaciones.

Creo que otra de las razones por las que nutrición suele ser una carrera de mujeres se debe al hecho de que la cultura de dietas está principalmente dirigida a nosotras. Desde edades muy tempranas, nuestra educación y socialización nos llevan a interiorizar la creencia de que debemos "cuidarnos" y "comer bien" para ser y permanecer delgadas. Recuerdo que, cuando teníamos una hora libre en la carrera e íbamos a la cafetería a desayunar algo, yo era de las pocas (o quizás la única) que pedía unos chilaquiles o unos molletes. Las demás solían llevar su tóper con fruta o alguna ensalada preparada en casa. En ese entonces no me cuestioné el porqué de esto. Hoy, desde aquí, lo comprendo a la perfección.

Y en clases, también llegó el día en que nos enseñaron a estimar cuál era nuestro "peso ideal". Tras hacer unos cuantos cálculos matemáticos experimenté un sentimiento de orgullo y superioridad moral al saber que yo estaba dentro de ese rango de "peso ideal". Mi cuerpo era adecuado; no tenía nada que arreglarle. Hoy, viendo hacia atrás, siento compasión y dolor por aquellas compañeras que tuvieron que justificar sus cuerpos delante de todo el salón, pues pesaban "más de lo que debían pesar".

Cursé la licenciatura creyendo que me gustaba mi carrera, aunque nunca me apasioné demasiado con lo que estudiaba. Terminé mis estudios con mención honorífica y con el mejor promedio de mi generación (por supuesto, yo también tenía las características de las estudiantes de nutrición: era competitiva, muy estudiosa, perfeccionista y tremendamente autoexigente), y asumí de inmediato que sería una buena nutrióloga: una que trabajaría duro para terminar con la gordura, la que me habían dicho era la mayor amenaza a la salud.

Mis primeros años como nutrióloga

Salí de la carrera y adquirí mi herramienta básica de trabajo: me compré una báscula. Ese objeto —del cual hoy sé que solo mide la fuerza con que un cuerpo es atraído a la Tierra por medio de la gravedad— me iba a permitir medir el "éxito" de mis tratamientos y valorar el estado de salud de mis pacientes. También me equipé con una cinta métrica y un plicómetro (una especie de pinza que mide pliegues cutáneos y calcula, de forma bastante imprecisa, el porcentaje de grasa corporal de un individuo). Con estas herramientas me sentía lista para cumplir con la misión que se me había encomendado: llevar a las personas a alcanzar su "peso ideal".

Y es así como empezaron 20 largos años de una vida profesional de prescripción de pérdida de peso y dietas. Mis consultas eran prácticamente todas iguales: la paciente llegaba, se pesaba, yo medía su composición corporal, registraba esas cifras en una fórmula y le entregaba un plan de alimentación que le indicaba de forma minuciosa y detallada lo que "debía" comer esa semana. A la semana siguiente, la paciente volvía y, por medio de diversas mediciones corporales y de su peso, valorábamos su "avance". Y entonces me tocaba felicitarla o explorar "qué pudo haber hecho mal" si el peso no bajaba.

Ahora me cuesta trabajo entender cómo me creí por tanto tiempo ese cuento de poder calcular el "peso ideal" de una persona. Hoy hablar de ello me parece tan absurdo, violento y bizarro como hablar de "la estatura ideal", "la talla de zapato ideal" o "el color de piel ideal". Pero a las nutriólogas se nos capacitó para prescribir a las personas restricciones calóricas y reglas de alimentación con la intención de "ayudarlas".

Cuando leí y comprendí por primera vez la historia y el origen del mentado Índice de Masa Corporal (IMC), ese que se utiliza para estimar el supuesto "peso ideal" de los individuos, casi me fui de espaldas. No puedo creer que tantos profesionales de salud sigan utilizando esa medida obsoleta.

La historia del IMC

Un astrónomo, matemático y estadístico llamado Lambert Adolphe Quetelet creó el Índice de Masa Corporal entre 1830 y 1850, por lo que en un inicio llevaba el nombre de Índice de Quetelet. Quetelet era un hombre belga con ideas eugenistas, que carecía de conocimientos en salud y estaba en búsqueda de las medidas o proporciones del "hombre ideal u hombre promedio". En sus intentos por hallar dichas dimensiones, recopiló pesos y estaturas de hombres blancos europeos de clase media alta exclusivamente. En sus estudios no incluyó una sola mujer ni personas de otras etnias, geografías o estatus socioeconómico. Es así que, utilizando solo medidas de un grupo muy poco representativo de la población mundial, creó el índice, el cual se calcula dividiendo el peso de una persona en kilogramos entre su estatura en metros al cuadrado. El mismo Quetelet, quien también contaba con estudios de sociología, afirmó que el índice era una herramienta diseñada para estudios poblacionales y no para evaluar ni calificar individuos. En otras palabras: esta medición solo nos indica cuál era la distribución estadística de la población que él midió, pero no tiene ninguna aplicación ni relevancia al referirnos a una persona en específico.

El índice creado por Quetelet quedó olvidado y archivado por años, hasta que un hombre llamado Ancel Keys lo rescató de los escombros en 1972, declarando que, si bien este índice no era por completo satisfactorio, sí era sencillo de usar. El mismo Keys explícitamente juzgó el IMC como "inapropiado para evaluar poblaciones". Lo que Keys quería era unificar las tablas de las diferentes compañías aseguradoras de Estados Unidos para que todas tuvieran las mismas referencias a la hora de estimar el riesgo de enfermedad de sus contratantes, pues en aquel entonces, cada una se regía por sus propios parámetros. Dicho de otro modo: necesitaba una herramienta simple, barata y fácil de usar para poder clasificar a los clientes. Encontró esta reliquia, que nada dice de la salud de las personas, que es racista y sexista, pero que igual las compañías aseguradoras usaron porque estaba disponible. Y con eso comenzaron a etiquetar a las personas para aprobar o reprobar su peso. ¿Alguna vez pensaste que tu estado de salud hoy es evaluado por un dato que casi le fue útil a un hombre en la década de los setenta?

En aquel entonces se cambió el nombre a Índice de Masa Corporal y en 1995 se establecieron los puntos de corte para las categorías de ~~normopeso~~, ~~sobrepeso~~ y ~~obesidad~~. Cabe mencionar que la Organización Mundial de la Salud (OMS) lo hizo de forma arbitraria, sin ningún fundamento científico. Años después, en 1998, un grupo de individuos (vinculados en su mayoría con farmacéuticas que vendían medicamentos para perder peso) convenció al Instituto Nacional de Salud de Estados Unidos para que modificara el punto de corte donde se inicia la categoría ~~sobrepeso~~ (hasta ese entonces, el rango de ~~peso normal~~ en Estados Unidos llegaba hasta 27.8 en hombres y 27.3 en mujeres), volviéndolo un número más bajo: 25. De esta manera, de la noche a la mañana, aproximadamente 29 millones de personas amanecieron en la categoría de ~~sobrepeso~~ sin haber aumentado un solo gramo. Esos 29 millones serían ahora candidatos a consumir sus fármacos.[2]

Claramente, el IMC no es un indicador de salud, además de que no toma en cuenta la edad, el género, la composición corporal ni la complexión. Evaluar el estado de salud de una persona con tan solo conocer esta cifra es tan absurdo como evaluarla a partir de su talla de zapato. En pocas palabras, no puedes saber absolutamente nada de la salud de alguien ni de sus hábitos con solo conocer este número. Todo lo que te imagines es únicamente fruto de tus prejuicios.

Mi luna de miel como nutrióloga peso-centrista

Yo fui una joven entusiasta y crédula. Jamás se me pasó por la cabeza cuestionar lo que me habían enseñado en la universidad (el primer programa académico de nutrición de mi país surgió en 1972, en mi alma mater, la Universidad Iberoamericana). En 1997, cuando yo me titulé, éramos pocas nutriólogas en el país; entonces la cultura de dietas comenzaba a permear de forma más intensa en la sociedad mexicana. Esto, junto con mi situación de privilegio socioeconómico, contribuyó a que las cosas se me dieran de forma sencilla: la consulta se empezó a llenar rápidamente y mi clientela comenzó a crecer sin necesidad de mucho esfuerzo.

Me sentía empoderada y exitosa. Mi consulta estaba llena: seguramente yo era buena en lo que hacía. Los pacientes decían sentirse cómodos y muchos me agradecían el hecho de que yo no "los mataba de hambre" ni "los regañaba". Algunos pacientes abandonaban el tratamiento a la mitad, pero había otros que permanecían leales a mi consulta hasta perder el peso que deseaban.

Hoy recuerdo aquella época como una de mucha comodidad: tenía un trabajo en el que me sentía eficiente, un ingreso estable, horarios flexibles y clientes leales. Mis pacientes seguían mis indicaciones y vivían a dieta, mientras que yo continuaba comiendo tanto como me apetecía.

El comienzo de la incomodidad

Como ya mencioné antes, mi trabajo en el consultorio era monótono y homogéneo. En esos años, de pronto había uno que otro paciente que rompía en llanto en la consulta ante la frustración de no perder peso. Recuerdo que eran momentos muy incómodos en los que no tenía la menor idea de qué hacer. Lo único que se me ocurría era ajustar el plan de alimentación con la esperanza de que en la próxima sesión viéramos "resultados favorables". Es decir, solo se me ocurría hambrear un poco más a ese cliente desesperado. ¡Hoy lo lamento tanto!

Al analizarlo a la distancia, creo que, siendo delgada, jamás llegué siquiera a imaginar cuán deseable podía ser la delgadez para alguien que no la poseía. Nunca me pasó por la cabeza que el tema de la comida y el cuerpo pudiera ser una obsesión para mis pacientes, incluso para los que eran delgados. Jamás me detuve a pensar lo que podía implicar para estas personas sentarse a una mesa y comer menos de lo que deseaban, mientras miraban a otros alimentarse libremente. Hoy me cuesta trabajo entender cómo en esa época no llegué a cuestionar el sistema, cómo no me di cuenta de que algo no olía bien en todo esto.

Por supuesto, yo tampoco era ni mínimamente consciente de mis privilegios de delgadez. Estaba ciega ante las ventajas que la sociedad me otorgaba por el simple hecho de ser flaca. Sabía que había mucha gente allá afuera queriendo perder peso, pero jamás pensé que era un propósito de vida para tantos y, ante todo, una lucha desesperada por escapar al estigma, la discriminación y la violencia a la que son sometidas las personas gordas en nuestra sociedad.

Con el paso del tiempo algunas cosas me empezaron a hacer ruido: poco a poco cobré conciencia de que muchos de mis pacientes no perdían nada de peso desde el principio. Eran, por lo general, personas que ya habían hecho varias dietas en su vida y tarde o temprano terminaban cansándose y abandonando el tratamiento.

Había otro grupo de pacientes que al principio bajaban de peso rápidamente, pero después se estancaban. Este segundo grupo me solía provocar mucha frustración e impotencia (ya me imagino lo que era para ellas). Hoy reconozco momentos en que no tenía idea de qué hacer con ellas y empezaba a experimentar de forma muy empírica: bájale una fruta por aquí, un cereal por allá... Con vergüenza reconozco que muchas de mis indicaciones venían de un lugar de desesperación y no desde la evidencia científica. Y claro, porque hoy sé que esa evidencia científica no existe.

Había un tercer grupo, ese que me mantenía a flote creyendo que sí funcionaba lo que yo hacía: era el grupo de las superresponsivas. Eran casi siempre personas que estaban iniciando conmigo la primera dieta de su vida y solían perder peso de forma muy rápida y eficiente hasta llegar a ese supuesto "peso ideal". Este grupo fue el que me mantuvo dando dietas tantos años, pues mi razonamiento me llevaba a pensar que, "si esas personas lo lograban, cualquiera podría hacerlo si se esforzaba lo suficiente".

Así se me fueron 20 años... Tuve épocas de dudar de mis capacidades como nutrióloga: ¿será que no estoy haciendo las cosas bien? ¿Quizás no estoy actualizada y hoy hay algún secreto que no conozco y hace que las personas pierdan peso fácilmente? ¿Será que no tengo la capacidad de motivar lo suficiente a mis pacientes para que se apeguen al tratamiento? Esos momentos me tentaban a empezar a prescribir algo distinto a lo que me habían enseñado en mi formación: ¿y si empiezo a indicar dietas bajas en carbohidratos? ¿Será que debo comenzar a prescribirles licuados que reemplacen sus alimentos? Hoy agradezco que mi cordura no me permitiera caer en estas tentaciones. Afortunadamente, nunca incorporé a mis tratamientos este tipo de prácticas. Pero hoy agradezco esa frustración porque me llevó a moverme de lugar.

Recuerdo que, en mi desesperación por encontrar "El método" que permitiera a las personas perder peso para siempre, compraba casi cualquier libro de nutrición que se cruzaba por mi camino. Empezaba a leer cada uno con la esperanza de encontrar "la respuesta". Sin embargo, rara vez los terminaba, pues a las pocas páginas sentía que todos eran más de lo mismo: restricciones calóricas disfrazadas de "un nuevo e innovador método". Además, en cada libro encontraba información que se contradecía con otras lecturas, lo cual me llevaba a desmotivarme más.

Estoy segura de que a muchas personas que han intentado perder peso les ha ocurrido algo similar: han visitado nutriólogos y nutriólogas con distintos enfoques; han comprado cualquier cantidad de libros y guías; han tomado cursos que prometían ser la solución definitiva a sus "problemas de peso"... y han terminado frustradas, en cada ocasión, porque nada les dio resultado.

La transición

No tengo claro en qué momento sucedió. Fue algo que se fue cocinando a fuego lento hasta que explotó como una olla exprés. Me sentía cada vez más incómoda con mi profesión. Recuerdo que, por ahí de 2017, una de mis amigas más cercanas, Vanesa, comenzó a hacer la que fue su última dieta. Ella había pasado toda su vida tratando de perder peso y a menudo me consultaba con la esperanza de poder encontrar la manera de adelgazar para siempre. Vanesa había hecho de todo, y aunque muchas veces, a base de grandes esfuerzos, lograba perder peso, siempre terminaba recuperándolo al cabo de un tiempo. El asunto es que consultó a un endocrinólogo (a quien hoy detesta con ganas), quien le mandó un medicamento para adelgazar, sin siquiera explicarle qué le estaba dando. Después se enteró de que le daba fentermina, un supresor del hambre de la familia de las anfetaminas, el cual le provocaba fuertes taquicardias, insomnio y un nulo apetito. Cuando Vanesa le reportó estos efectos, el doctor tuvo la desfachatez de contestarle: "Cuántos de mis pacientes darían todo por tener cero apetito". También la refirió simultáneamente con una nutrióloga que le prescribía una dieta baja en carbohidratos y alta en proteínas, y con un médico del deporte que supuestamente le daba una rutina de ejercicio especialmente diseñada para que ella perdiera grasa para siempre. Mi amiga me pedía mi opinión todo el tiempo, y la realidad es que yo ya no sabía ni qué pensar. Me encontraba sumamente confundida y desorientada; me sentía una nutrióloga fracasada.

Mis pacientes llegaban a la consulta conmigo cada vez más frustradas y cansadas, cada vez con más dificultad para adherirse a la dieta. Incluso, una buena parte de ellas habían visitado antes ya a otros especialistas en nutrición o a diversos profesionales que les habían ofrecido técnicas distintas para la pérdida de peso, las cuales iban desde pastillas, polvos, dietas extremas, balines y acupuntura, hasta hipnosis. Y fue entonces cuando empecé a cuestionarme: si prácticamente todas las personas terminan en ese rebote, ¿no será que tal vez las cosas no sean como nos las habían contado?

Empecé a hacerme preguntas incómodas. Fueron tiempos difíciles en que llegué a plantearme la posibilidad de cerrar el consultorio y dedicarme a algo más. Me sentía desmotivada y desesperanzada. Empecé a vivir una especie de duelo profesional que no sabía a dónde me iba a llevar. Y entonces se cruzó en mi camino algo que cambió mi vida profesional y personal para siempre, y de formas que jamás podría haber imaginado.

Casualmente, este giro inesperado provino en gran parte de mi amiga Vanesa, quien transitaba su última dieta. Ella, también sin saberlo, había iniciado su camino personal de deconstrucción. Su hartazgo la llevó a buscar nuevas respuestas en redes sociales y me compartió cuentas de Instagram de profesionales de la salud que abordaban la nutrición desde otro lugar. Empecé a seguir a estas mujeres, todas ellas angloparlantes, y mi cabeza explotó. Recuerdo la primera vez que leí que existían nutriólogas sin báscula en el consultorio. No daba crédito. En mi esquema mental no podía caber este concepto. ¿Qué hacía en consulta una nutrióloga si no tomaba el peso y las medidas de sus pacientes? ¿Qué podía decirles en su consulta? ¿De qué hablaba con sus consultantes si no era de los kilos que habían bajado y lo que habían comido en días anteriores?

Empecé a escuchar los pódcasts de Christy Harrison y de Fiona Willer, a leer los *posts* de Fiona Sutherland y de Marci Evans, y a seguir muy de cerca el trabajo de Hilary Kinavey y Dana Sturtevant, con quienes después me certifiqué como Body Trust Provider. También empecé a seguir de cerca el trabajo de activistas gordas, como Aubrey Gordon, Ragen Chastain y Kristina Bruce. A estas voces se sumaron las de activistas gordas hispanoparlantes que poco a poco ampliaron mis conocimientos, entre ellas, Laura Contrera, Mónica González, Lux Moreno y Ceci Weller.

Al leerlas, comencé a descubrir un mundo nuevo donde se utilizaban muchos términos que yo desconocía, pero despertaban toda mi curiosidad: cultura de dietas, gordofobia, estigma de peso y muchos otros que me atraparon de inmediato. Por primera vez leí sobre la ineficacia de las dietas para perder peso y sobre lo obsoleto que es el IMC. Conocí movimientos de liberación gorda y de activismos por la diversidad corporal. Y fueron estas mujeres quienes me llevaron a escuchar por primera vez de un abordaje a la salud, la alimentación y la nutrición no centrada en el peso. Salud en Todas las Tallas llegó a mi vida.

Descubrir HAES® y posteriormente el modelo de Alimentación Intuitiva fue sumamente revelador. Sentí que muchas de las cosas que me hacían ruido tenían nombre y habían ya sido descritas por otras personas. Sentí que me explotaba la cabeza al darme cuenta de que muchos de los conceptos que yo asumía como verdades absolutas eran solo creencias que podían ser cuestionadas y refutadas. Me di cuenta de que existía otro abordaje hacia la salud, los cuerpos y la nutrición: uno mucho más amoroso, compasivo y respetuoso, uno que en realidad tenía la capacidad de transformar vidas. Y fue ese el momento en que comenzó mi deconstrucción, una deconstrucción que jamás hubiera imaginado y que cambió mi vida para siempre.

Cobrar conciencia de mis privilegios

Comencé a tomar conciencia de mi privilegio de delgadez. Entendí que muchas de las cosas que para mí eran naturales y consideraba derechos básicos, no lo eran para las personas gordas. Encontrar ropa de mi talla en cualquier tienda, caber cómodamente en cualquier espacio público, recibir un trato libre de juicio hacia mi cuerpo por parte de los profesionales de salud y no ser cuestionada por la forma en que me alimentaba formaban parte de mi privilegio delgado.

Me topé con la palabra *gordofobia*. Caí en cuenta de que las personas gordas en nuestra sociedad son discriminadas. Reconocí que existe una violencia normalizada que se disfraza de preocupación por la salud y que las personas gordas no reciben el mismo trato que las delgadas ni son acreedoras a los mismos derechos. Descubrirlo fue muy fuerte y a la vez muy revelador.

Hay otro privilegio de delgadez que descubrí: mi voz al denunciar la cultura de dietas tiene más peso por el hecho de que soy una nutrióloga delgada. La gente da más validez a mis argumentos porque yo no soy gorda. ¿Cómo serían tomados mis mensajes si mi cuerpo fuera gordo? Estoy segura de que las cosas serían muy diferentes.

Llevo ya varios años desafiando constantemente, y de forma muy abierta, la cultura de dietas, la gordofobia y el modelo de salud centrado en el peso. Años de mandar fuertes mensajes que incomodan a muchas personas. Años en que mi mensaje ha cobrado fuerza, pero en los que también me he tenido que enfrentar a infinidad de *haters* que me atacan porque mis contenidos les incomodan. Pero hay algo que nunca ha sucedido: nadie me ha atacado por mi cuerpo.

En los cientos de publicaciones que he hecho, en los pódcasts en los que he participado y en las conferencias que he dictado, jamás nadie ha cuestionado mi alimentación ni el ejercicio que hago. Es cierto que muchas personas me han atacado diciendo que promuevo malos hábitos en mis lectores, pero de los míos nadie habla. Y eso tiene una sola explicación: se debe al hecho de que yo soy delgada, lo que, entre otras cosas, me otorga el privilegio de que la gente no se entrometa ni haga juicios sobre mi estilo de vida, pues se asume que yo "hago las cosas bien".

Si yo tuviera un cuerpo de mayor tamaño (cosa que sería totalmente factible, puesto que hay personas gordas que comen menos que yo y se ejercitan más), seguramente ya habría sido presa de muchísimos ataques personales y mi mensaje sería mucho más cuestionado, pues se asumiría que lo que hago es solamente un pretexto para permanecer gorda.

Así que, para escribir este libro quiero reconocer también mi privilegio de delgadez. Soy consciente de que para mí es más fácil hablar de estos temas porque esto no me vulnera ni me pone en una posición donde se me pueda avergonzar por mi cuerpo o mis hábitos. Asumir que me alimento "bien" y me ejercito lo suficiente por el hecho de ser delgada forma parte de los prejuicios colectivos que tenemos. Espero poder hacer uso de ese privilegio a lo largo de este libro de forma responsable, como aliada que soy en esta causa.

Mi salida del refri

Defender lo que se piensa es ir a contracorriente
de años acumulados de ideas y estereotipos.
SANDRA MONROY

Fueron tiempos difíciles. Como ya había dicho, me sentía muy incómoda y desubicada. Todo lo que leía sobre este nuevo enfoque a la salud me hacía mucho sentido, pero no tenía la menor idea de cómo implementarlo en mi práctica profesional. Seguía recibiendo en consulta a pacientes que venían a perder peso, tenía aún una báscula en mi consultorio, seguía dando dietas y pesando a mis consultantes. No tenía idea de cómo salirme de ahí. Recuerdo que en la consulta mandaba mensajes ambivalentes que desorientaban a mis pacientes: por una parte las pesaba, pero también les decía que el peso no era lo importante; les daba dietas, pero también les decía que si no bajaban de peso, no era por su culpa, era porque las dietas no servían. Imagino la confusión que vivían estas pobres personas, que fueron mis conejillos de Indias en esta nutriomórfosis.

El consultorio se me empezó a vaciar. Las pacientes dejaron de ir. Fue en ese tiempo que me planteé de forma seria cerrar el consultorio para dedicarme a otra cosa. Pero hubo algo que no me permitió abandonar la nutrición, algo que me obligó a quedarme. No tengo claro qué, pero supongo que existía en mí mucha curiosidad por explorar ese otro mundo.

Seguí atendiendo a las pocas personas que aún acudían a mis consultas y mientras tanto leía todos los artículos y libros que caían en mis manos sobre el enfoque no centrado en el peso. Me inscribí a varios cursos en línea. Conforme estudiaba, algunas dudas se iban disipando, pero aparecían otras que me retaban aún más.

Tuve también varias discusiones con amigos y familiares en las que trataba de explicarles este modelo, pero me frustraba no poder hacerlo. Nadie me entendía; parecía que les hablaba en otro idioma. Estas discusiones me ocasionaron algunas enemistades, pero también me ayudaron a afianzar y reforzar muchos de los conceptos que recién comenzaba a comprender. Me frustraba muchísimo cuando yo empezaba a ver claridad en algo y los demás no podían verla.

Tenía también otro tipo de conversaciones, unas que reforzaban mi nueva postura y me motivaban a conocer más del tema. Particularmente, hablaba mucho con dos amigas, Vanesa y mi prima, Sara Cohen. Sara es doctora en filosofía, autoridad en temas de género y sobre todo una mujer que se cuestiona, hace preguntas e invita a la reflexión. Mis charlas con ella fueron determinantes para que yo incursionara en temas de justicia social, equidad de género y violencia estética. Fue ella quien me llevó a leer *El mito de la belleza*, de Naomi Wolf, lectura básica en mi proceso de deconstrucción.

En noviembre de 2017, cuando yo me encontraba en este remolino de cuestionamientos, mi familia sufrió la sacudida más fuerte que jamás hubiera experimentado: mi adorada cuñada Sharon, una mujer de apenas 34 años, llena de vida, esposa de mi hermano y madre de mis sobrinos, fue diagnosticada de la noche a la mañana con un cáncer fulminante que deterioró su salud a una velocidad impresionante y terminó con su vida el 10 de enero de 2018. No tengo palabras para explicar el inmenso dolor que de pronto nos invadió a todos.

La partida prematura de Sharon vino a remover muchas cosas en mí, sobre todo las relacionadas con la fragilidad y la vulnerabilidad de la condición humana. "La vida se va en un parpadeo", escuchamos de forma constante y a modo de cliché, pero esta vez, al vivirlo tan cerca y poder constatar que en efecto es así, cuestioné muchas cosas de mi propia existencia, entre ellas, mi vida profesional. Es difícil expresarlo con palabras, pero algo muy fuerte se movió dentro de mí: fue como si una voz interna comenzara a gritarme que ya no había más tiempo que perder, que debía armarme de valor, salir de mi zona de confort y hablar de esos temas incómodos que no había tenido la claridad ni la valentía para acomodar y mostrar al mundo.

Sharon misma había ido a mi consulta en repetidas ocasiones para perder peso. Había hecho varias dietas y, como 95% de las personas, terminaba siempre recuperando los kilos perdidos. Su partida me llevó también a pensar en lo ridículo que era que una mujer pasara la vida peleando con su cuerpo, esa vida que era efímera e impredecible, y podía terminar en cualquier momento. Qué hubiera dado Sharon por permanecer más tiempo en este mundo, en ese cuerpo.

En aquella época de duelo profesional y personal, me reencontré con Ilana Borovoy, una nutrióloga que también trabajaba bajo un enfoque tradicional. Ilana y yo nos conocíamos de tiempo atrás pero no teníamos una amistad estrecha ni mucha relación. Las casualidades de la vida nos llevaron a coincidir en una comida donde nos sentamos juntas y no paramos de hablar. Ella también atravesaba por una situación similar a la mía. Estaba incómoda con la forma en la que ejercía la nutrición y se había comenzado a cuestionar muchas prácticas y creencias. También había empezado a leer sobre enfoques de salud no centrados en el peso y, al igual que yo, sabía que tenía que moverse de lugar. En esa comida, Ilana me compartió que estaba por comenzar un curso sobre *mindful eating* (alimentación consciente) y me invitó a participar. Aunque yo no sabía bien de qué se trataba, decidí unirme. En ese curso, Ilana me presentó con otra nutrióloga que también estaba en proceso de deconstrucción, Gina Salame.

Encontrar a Ilana y a Gina fue como tomar una bocanada de aire fresco. Me trajo alivio y calma saber que no era la única nutrióloga que se sentía incómoda en su profesión y estaba en búsqueda de respuestas. Yo no estaba sola en esto, había otras dos colegas mexicanas que también se cuestionaban, que estaban abiertas a la deconstrucción, y en pocos días se convirtieron en mis compañeras de camino, mis aliadas y posteriormente mis socias.

El 18 de junio de 2018 escribí mi primer *post* en Facebook. Había cenado con amigas en un restaurante y había un letrero promocionando "postres saludables". Les llamaban saludables porque no tenían azúcar y porque en su elaboración utilizaban costosos ingredientes que la cultura de dietas de ese momento consideraba "superalimentos". Además, el letrero afirmaba que esos postres "no engordaban". Verlo me indignó, pues para ese entonces yo ya empezaba a ser bastante intolerante a los mensajes que moralizaban la comida, a esos que satanizaban alimentos y nos hacían creer que comer de cierta manera nos otorgaba cierta superioridad moral y estatus. En ese momento decidí tomarle una foto al letrero y subirlo a Facebook (esa era entonces la única red social que yo tenía y jamás publicaba nada).

El letrero decía así:

> LOGRAMOS LO QUE MUCHA GENTE NO CREÍA POSIBLE:
> POSTRES SANOS, NUTRITIVOS Y DELICIOSOS. ¡NO ENGORDAN!

Y lo que yo escribí esa noche fue lo siguiente:

> Ayer me encontré este letrero a la entrada de un restaurante.
>
> He aquí mis reflexiones:
>
> Estos mensajes solo perpetúan una cultura que juzga a los alimentos, haciéndonos creer que seremos mejores personas si comemos algunos o si dejamos de comer otros. Ningún alimento tiene el poder de enfermarnos o sanarnos, de subirnos de peso o de adelgazarnos. Son las acciones consistentes y constantes en nuestra vida las que tienen impacto sobre nosotros. Los alimentos no tienen un valor moral, solo son alimentos.
>
> Esto alimenta una cultura que fomenta la culpa y la vergüenza al comer. Sentir culpa por comer es tan absurdo como sentir culpa por respirar, dormir o cubrir cualquier necesidad básica.
>
> Afirmar que, por agregarle matcha, chía o algún otro ingrediente considerado *superfood* (término completamente absurdo, por cierto) cambia de manera dramática el contenido nutricional de un postre o convierte el alimento en un promotor de la salud es una total y absoluta mentira.

> Empecemos a ejercer una mirada crítica sobre estos mensajes, que solo siguen fomentando una obsesión enfermiza con la alimentación y el cuerpo, y que a la vez son promotores de conductas alimentarias disfuncionales.

Cuando le di "compartir", temblaba de nervios, no sabía qué esperar. Yo llevaba muchos años ejerciendo como nutrióloga convencional y, aunque ya en ese entonces era crítica de la cultura de dietas, abrirlo públicamente me daba miedo. La respuesta a este *post* fue mucho mayor de lo que yo esperaba: más de 100 likes desde mi página personal (mi *fan page* de Nutrición Incluyente® aún no existía).

La respuesta me hizo ver que lo que había escrito le hacía sentido a la gente y había un público receptivo a mi mensaje. En pocas palabras, me empoderé, y como dice una de mis amigas más cercanas, ese día por fin salí del refri.

Los inicios de Nutrición Incluyente®

Una vez que salí del refri comprendí que no había vuelta atrás. El éxito de ese primer *post* me impulsó a escribir y publicar diariamente mis reflexiones en Facebook. Me di cuenta de que tenía facilidad para la escritura y escribir me ayudaba a aclarar y ordenar mis ideas. Mis publicaciones evolucionaron y fueron adquiriendo un tono más enérgico y de denuncia. Mi público fue aumentando y con ello también los aplausos y agradecimientos de muchas personas que me leían. Pero también empecé a recibir respuestas confrontativas y desafiantes de aquellas personas a quienes incomodaba mi mensaje. En ese entonces no conocía a ninguna nutrióloga que estuviera hablando de estos temas en español. Lo que yo decía era muy revolucionario y reconozco que también muy valiente. Denunciaba muchas prácticas tradicionales de la nutrición, mismas que hasta hacía poco yo prescribía. Entiendo que muchos de mis colegas comenzaron a verme como traidora, aunque muchos otros comenzaron a identificarse con el mensaje.

A partir de ese momento, las cosas comenzaron a fluir y me fui como hilo de media: decidí abrir mi Instagram (por recomendación de mis hijos adolescentes), abrí mi *fan page* en Facebook y mi página web. Y decidí que lo que yo hacía debía tener un nombre: se llamaría Nutrición Incluyente®.

¿Qué es Nutrición Incluyente®?

Nutrición Incluyente® es un abordaje a la salud, la alimentación y la nutrición que pretende ayudar al individuo a salir del ciclo interminable de dietas y recobrar su autonomía alimentaria. Es un enfoque compasivo, amoroso y resiliente hacia nuestros cuerpos y nuestra alimentación. Entre otras cosas, implica:

- Abrazar la idea de que la alimentación debe estar ligada al goce, al placer, al bienestar y a la convivencia, y alejada de la culpa, la vergüenza y las restricciones.
- Celebrar y honrar la diversidad corporal entendiendo que esta forma parte de la naturaleza humana y reclamando el derecho de que todos los cuerpos sean tratados con el mismo respeto y la dignidad que merecen.
- Liberarse de reglas alimentarias, mitos y tabúes con respecto a la comida, y volver a confiar en la capacidad de nuestros cuerpos de guiarnos para tomar decisiones asertivas de alimentación.
- Denunciar la gordofobia y el trato discriminatorio que se da en esta sociedad a las personas que no cumplen con el mandato social de la delgadez.
- Entender que la alimentación constituye uno más de los numerosos factores contribuyentes a la salud y el bienestar, y que depositarle una mayor carga de la que tiene termina por generar ansiedad, culpa y desconcierto.
- Comprender que la pobreza, la marginación, la desigualdad y la discriminación representan los mayores riesgos de salud, y que estos tienen un impacto directo en las conductas y elecciones alimentarias del individuo.

- Entender que el peso o el IMC no nos dicen absolutamente nada sobre la salud o los hábitos de una persona.
- Entender que el estigma del peso daña la salud.
- Cobrar conciencia de que no existe a la fecha una sola intervención comprobada de que las personas puedan perder peso y mantenerse así a largo plazo.
- Entender que los mandatos de delgadez han llevado a las personas a someterse a ciclos interminables de dietas que las han condenado a un eterno subir y bajar de peso (*weight cycling*), mismo que tiene un contundente impacto negativo en la salud física, emocional y social de las personas.
- Recuperar la confianza en nuestro cuerpo, entendiendo que este no ha sido nunca un problema a resolver. Hacer las paces con él entendiendo que tenemos derecho a vivir la vida que queremos en el cuerpo que tenemos hoy.

La consolidación de Nutrición Incluyente®

Una vez que logré comprender los conceptos, me sentí más articulada y confiada para compartirlos con otras personas. Devoré cuanto artículo y libro se me cruzaba en el área, documentándome en temas de Salud en Todas las Tallas, Alimentación Intuitiva, activismo gordo, *body positive*, género y justicia social. Pasé por una curva de aprendizaje muy compleja, sobre todo porque implicaba primeramente desaprender... y desaprender cuesta.

Mi proceso de aprendizaje y entrenamiento corría entonces en paralelo con el fortalecimiento de mi voz en redes sociales, de tal forma que comencé a recibir cada vez más y más testimonios de personas, principalmente mujeres, que me contaban sus historias, historias cargadas de mucho dolor y vergüenza, y que habían experimentado en soledad por muchos años. Fue abrir la caja de Pandora que me llevó a escuchar por primera vez con atención a esas voces que han sido reiteradamente silenciadas en nuestra sociedad y que yo, en mi enfoque peso-centrista, había sido incapaz de oír: las voces de las personas gordas y de todas aquellas a quienes se les enseñó a odiar su cuerpo.

Tú

El peligro de una historia única

Hace algunos años escuché un TED Talk de la escritora nigeriana Chimamanda Ngozi Adichie titulado "El peligro de la historia única".[3] En ella, Chimamanda nos lleva a tomar conciencia de cómo es que las narrativas e historias que escuchamos de forma constante se terminan convirtiendo en verdades absolutas e incuestionables para nosotros.

Las historias que escuchamos y nos cuentan dependen de las estructuras de poder; son las personas en la cima de la jerarquía social quienes suelen narrarlas. Son estas estructuras las que definen los discursos dominantes y los repiten una y otra vez hasta que colectivamente pasan a ser verdades absolutas. Como bien dice Chimamanda: "Las personas en el poder tienen no solo la capacidad de narrar la historia del otro, sino la facultad de convertirla en la historia definitiva".

Escuchar la plática de Chimamanda me llevó a entender que todo lo que había aprendido sobre nutrición, salud, los cuerpos y el peso de las personas podía también ser cuestionado. Comprendí que el hecho de que importantes académicos o incluso autoridades médicas mundiales contaran esa "única historia" con respecto a la salud y el tamaño del cuerpo no bastaba para asumir la narrativa como verdad. Entendí que tenía derecho a hacerme preguntas, a retar creencias y desafiar narrativas. Comprendí también que había voces dentro de esta cultura de dietas que jamás se habían escuchado y a quienes se había anulado: las voces de las personas gordas, de las personas dietantes, de todas aquellas que habían pasado su vida persiguiendo una delgadez que nunca llegaba de forma definitiva.

En 2022 estuve en Puebla, en un congreso sobre estudios sociales de la ciencia. Acudí a un panel sobre *injusticia epistémica*. Este término, acuñado por Miranda Fricker, se refiere a injusticias relacionadas con temas de conocimiento. Hay dos tipos: la testimonial y la hermenéutica. La testimonial ocurre cuando el conocimiento de una persona es ignorado o invalidado a causa de su identidad. Un ejemplo claro de esto es cuando a una persona gorda no se le cree que hace ejercicio o que incluye verduras en su alimentación por el hecho de ser gorda. La hermenéutica, por otra parte, se presenta cuando la experiencia de la persona no es comprendida por ella misma ni por los demás porque no existen conceptos para describirla. En este caso, podríamos pensar en la persona gorda que no ha escuchado hablar de la gordofobia y no encuentra la forma de expresar la discriminación que siente y vive día con día. Esta persona sabe que algo ocurre, pero no puede nombrarlo.

Ahora, aunque algunas personas gordas cuenten ya con herramientas y conceptos que les permitan explicar la discriminación y la opresión que viven, estas pueden ser invalidadas, minimizadas o ridiculizadas por las personas que están en el poder. Y es que muchas veces, a las personas en el poder no les conviene entender estos conceptos, pues su situación de privilegio podría verse amenazada con ello y les obligaría a tomar responsabilidad de acciones o actitudes que favorecen esta opresión. Por poner un ejemplo: a muchos nutriólogos no les conviene conocer la información que demuestra que las dietas no funcionan. De maneras conscientes, pero también inconscientes, se resisten a creerlo y también a ver la evidencia que lo demuestra con mente abierta y sin sesgo. Y es que, si descubrieran que efectivamente las dietas no funcionan, tendrían que moverse de lugar. Se verían obligados a tomar responsabilidad y a transformar su práctica, y eso no es fácil.

En el campo de la filosofía, a este fenómeno se le conoce como *willful ignorance,* que se traduce al español como "ignorancia o ceguera intencional". Se refiere al hecho de elegir no saber o no comprender aquello que uno debería saber. En otras palabras, no querer ver que ciertas prácticas en las que participamos podrían ser inapropiadas o dañinas, pues al percatarnos, tendríamos que replantear nuestra forma de vivir. En palabras de Upton Sinclair: "Es difícil hacer que una persona entienda algo cuando su salario depende de no entenderlo".[4]

En el panel al que acudí en el congreso se habló de cómo la ciencia se ha concebido como algo muy individual. Se asume que los grandes avances y descubrimientos científicos son producto de personas aisladas, de genios que, con su sobresaliente inteligencia, descubren, inventan y crean nuevas teorías. Esta visión es injusta, ya que la ciencia no es individual, es algo que se teje colectivamente a base de experiencias comunes y voces diversas. Sin embargo, hay voces que quedan excluidas de la construcción de la ciencia justamente por una injusticia epistémica testimonial: su identidad hace que su voz sea invalidada.

Este es un tema tremendamente relevante en la ciencia que hoy rige las investigaciones sobre el peso y específicamente sobre la ~~obesidad~~ y el modo de terminar con ella. Los estudios que hablan de los "peligros" de la gordura y de la necesidad de eliminarla han sido y siguen siendo dirigidos de manera mayoritaria y casi exclusiva por personas —particularmente hombres— delgadas. Las experiencias y voces de las personas gordas son constantemente ignoradas y anuladas en estos espacios. No solo no se les incluye, sino que no se les cree. Las personas gordas que han pasado su vida intentando perder peso sin éxito son frecuentemente tachadas de mentirosas y manipuladoras. Se asume que comen a escondidas, que no siguen bien las indicaciones de los médicos o las nutriólogas, y que "hacen trampa". Esta injusticia epistémica, acompañada de la exclusión de las personas gordas en los equipos de investigación, ha permitido que se siga perpetuando la idea incuestionable de que "el que quiere, puede perder peso si hace las cosas bien y se esfuerza lo suficiente". En el campo de los activismos sociales por la inclusión se ha vuelto popular el eslogan *Nothing About Us Without Us*, es decir, "Nada sobre nosotros sin nosotros". Esta frase se refiere a que ninguna política debería decidirse sin la representación y participación directa de los miembros a quien dicha política podría afectar. De esta manera se reclama el derecho de los grupos oprimidos y marginalizados de ser parte de cualquier decisión que pudiera impactarlos. Es imperativo que las personas gordas formen parte de los grupos que investigan y crean políticas y recomendaciones sobre el peso, y específicamente sobre la ~~obesidad~~. Son estas voces las que requieren ser enfocadas y escuchadas.

La sociedad en que vivimos ha manejado por muchos años una historia única con respecto a los cuerpos, la alimentación y la salud. Se nos ha dicho que solo los cuerpos delgados son sanos y que seguramente son resultado de una "buena alimentación". Esta historia única se entrelaza y se alimenta también de las narrativas sociales que hoy en día definen la belleza de los cuerpos. De esta forma, en nuestro inconsciente colectivo está grabada la idea irrefutable de que un cuerpo delgado es un cuerpo bello y un cuerpo sano, y por el contrario, el cuerpo gordo es feo y sin duda alguna es un cuerpo enfermo. Y todos nosotros aceptamos esa historia única sin refutar, de manera que no nos pasa jamás por la cabeza la idea de que una persona gorda pueda vivir su vida sin adelgazar, permaneciendo gorda.

Encontrarme con el movimiento de Salud en Todas las Tallas en 2017 fue darme cuenta por primera vez que existían personas que se habían atrevido ya a cuestionar esa historia única acerca de la salud. Empezar a leer la evidencia científica que respalda este enfoque me llevó a comprender que la gran mayoría de los conceptos que yo había adquirido a lo largo de mi vida (y de mi formación profesional) con relación a los cuerpos, la alimentación y la salud estaban basados en suposiciones consideradas incuestionables.

Algunas de estas suposiciones sobre las que se basa el abordaje tradicional de la nutrición son las siguientes:

1. **Existen jerarquías corporales.**
   Esta suposición es más bien de índole social y es alimentada y reforzada constantemente por un sistema neoliberal y capitalista que durante muchos años ha perpetuado la idea opresiva de que hay cuerpos mejores que otros,

cuerpos que son merecedores de mayores oportunidades, privilegios, validación y aceptación. En la cima de esta jerarquía, en el mundo occidental, se sitúa el cuerpo de un hombre joven, blanco, cis, heterosexual y sin discapacidades, que además es delgado.

Vivimos ahora tiempos donde, quizás gracias a las redes sociales y a la democratización de la información, la sociedad ha empezado a cobrar en muchos nichos una mayor conciencia social, de forma que se ha comenzado a cuestionar y a denunciar esta jerarquización de los cuerpos desde varios frentes. Movimientos como el colectivo LGTBIQ+, Black Lives Matter y Mee Too han alzado la voz en una lucha constante por derribar sistemas opresivos que catalogan a algunos cuerpos como superiores. Las voces de estos movimientos han ganado terreno de forma que distintos sistemas de opresión comienzan a ser más reconocidos y denunciados por algunos fragmentos de la sociedad y por diversas instituciones. Sin embargo, la creencia de que los cuerpos gordos son "peores" o "inferiores" a los delgados sigue tremendamente arraigada en la mayoría de los espacios, de tal forma que la gordofobia, un sistema de discriminación igual de violento y opresivo que los otros, aún no suele reconocerse como tal.

Investigadores de Harvard reportaron en 2019 que de las seis formas de sesgo implícito que han investigado (raza, color de piel, orientación sexual, edad, discapacidad y peso corporal), el sesgo hacia la gordura es el único que ha empeorado desde 2007.[5]

La filósofa Kate Manne, en su recién publicado libro, *Unshrinking*, define a la gordofobia como "una característica de los sistemas sociales que injustamente clasifican a los cuerpos gordos como inferiores a los delgados, no sólo en términos de salud sino también de estatus moral, sexual e intelectual" Para ella, "la gordofobia es en parte una ideología equivocada, o un conjunto de creencias falsas y teorías infladas que nuestra cultura sostiene sobre las personas gordas: que necesariamente no están sanas, e incluso están condenadas a morir a causa de la gordura; que son culpables de su propia gordura, de falta de integridad moral, fuerza de voluntad o disciplina; que son poco atractivas, incluso repugnantes; y que son ignorantes, incluso estúpidas."[6]

Manne también se refiere a la gordofobia como una especie de camisa de fuerza: amenaza a las personas para que no engorden y causa incomodidad y dolor a quienes rebasen cierto tamaño de cuerpo. Restringe nuestra libertad, nuestro movimiento y nuestra capacidad de ocupar espacio en un mundo que nos demanda encogernos.

La gordofobia es entonces el repudio, la estigmatización y la violencia que se ejercen contra las personas gordas por el hecho de serlo. Es ese sistema de discriminación que sigue siendo validado, aceptado y perpetuado por nuestra cultura.

Incluso en muchos de los frentes más progresistas, donde más se habla de inclusión, donde más se lucha por la justicia social y los derechos igualitarios de todas las personas, la gordofobia sigue siendo avalada y reforzada. No se le reconoce como opresión y rara vez se incluye en las conversaciones. La gordura se sigue viendo como una falla personal, un sinónimo de descuido, poca disciplina y holgazanería. Se siguen perpetuando normas sociales e institucionales que otorgan menores derechos y oportunidades a las personas gordas. Y la gordofobia está tan interiorizada en las personas gordas que estas mismas llegan a creerse la historia de que merecen el maltrato que reciben, que todo esto es por su culpa, porque no se han "esforzado lo suficiente". Es esta gordofobia interiorizada la que ha impedido en parte que las personas gordas se organicen de forma masiva para derribar el sistema gordofóbico, de la misma manera que han hecho otros colectivos oprimidos.

La mayoría de las personas gordas no se atreven a alzar la voz y reclamar el mismo trato respetuoso que las personas delgadas también por el miedo a la violencia que pueden recibir. Se me viene a la mente una idea de Simone de Beauvoir que decía algo así como: "El opresor no sería tan fuerte si no tuviese cómplices entre los propios oprimidos".

2. Todas las personas pueden ser delgadas, es cuestión de voluntad.

Por supuesto que escuché esta premisa en mi formación como nutrióloga, pero ni siquiera era necesario que me la manifestaran: era algo que yo ya creía de forma incuestionable pues, al igual que todos, también crecí en un mundo que me lo gritaba por todos lados.

Así que, al llegar a la universidad, estaba ansiosa por tomar esa clase donde por fin me revelaran el secreto. Ansiaba conocer la fórmula infalible que haría que mis futuras pacientes pudieran deshacerse para siempre de sus "kilos de más". Y esa clase llegó: conocí las fórmulas para calcular meticulosamente cuánto "debe" comer una persona para alcanzar ese supuesto "peso ideal". Dominé a la perfección los cálculos, mismos que apliqué de forma rigurosa. Si la ciencia lo decía, ¿quién era yo para cuestionarlo? Seguro que bastaba que las personas comieran lo que yo les indicaba para que alcanzaran esa delgadez eterna.

3. **Todas las personas deben ser delgadas.**
   No solo vivimos en un mundo que considera que todas las personas pueden ser delgadas si se esfuerzan lo suficiente, sino que se asume que esto es una obligación moral incuestionable. "Tienes que adelgazar", te dirá tu madre, tu amigo, tu médico, tu nutrióloga o tu pareja. La delgadez es un mandato social, sobre todo si eres mujer. Pareciera ser algo que le debemos al mundo. Y si no eres delgada, al menos deberás pasar la vida demostrándole al mundo que intentas serlo.

4. **Delgadez es sinónimo de salud y gordura de enfermedad.**
   Esta es quizás la premisa más difícil de derrocar y bajo la que se justifica y cimienta la opresión, la discriminación y el trato diferencial que se da a las personas gordas en nuestra sociedad. Y es que esta premisa está avalada por una de las comunidades que más peso tienen en nuestro entorno: la comunidad médica.

   El sistema médico hegemónico, en el cual vivimos, tiene un enfoque peso-centrista, es decir, donde el peso se considera central para el diagnóstico de la salud o la enfermedad.

   Si bien es cierto que evidencia científica abundante demuestra que ciertas enfermedades como la diabetes, la hipertensión y las dislipidemias se presentan con mayor frecuencia en personas gordas, o con un IMC elevado, no quiere decir que todas las personas en esa categoría forzosamente las tendrán, y tampoco implica que la gordura sea causa de estas enfermedades.

No existe a la fecha una sola enfermedad que se presente exclusivamente en personas gordas. Existen personas delgadas con todo tipo de enfermedades, de la misma forma que existen personas gordas que jamás presentan ninguna de las condiciones de salud generalmente asociadas con un peso alto. Asumir que una persona gorda automáticamente está enferma, no solo es erróneo, sino riesgoso. Ahondaré sobre este tema más adelante.

5. **Las dietas hipocalóricas son estrategias efectivas para que las personas pierdan peso de manera permanente.** Esta creencia popular, que no está basada en evidencia científica, ha llevado a que millones de personas pasen su vida a dieta, intentando perder peso. Es también bajo esta premisa que se ha enriquecido y fortalecido la industria multimillonaria que hoy genera casi $300 000 millones de dólares anuales a nivel mundial: la industria de las dietas.[7]

   Lo que sí demuestran los datos duros es que 95% de las personas que pierden peso con cualquier tipo de dieta lo recuperan en un periodo de entre dos y cinco años.[8] Además, está documentado que dos terceras partes de dichas personas terminan pesando más de lo que pesaban antes de iniciar la dieta.[9] La realidad es que si las dietas funcionaran a largo plazo, bastaría con hacer una sola en la vida, ¿no te parece?

Los mitos que nos contaron

¿Es esta realmente la verdad, o se trata solamente de algo que tú tomaste y adoptaste como tu verdad?[10]

STACI JORDAN SHELTON

El mito de la belleza

Si tienes este libro en tus manos es muy probable que hayas crecido sintiendo o pensando que tu cuerpo no era lo suficientemente bueno o lo suficientemente bello. Y quizás piensas también que solo te sucedía a ti. La realidad es que el sistema en que vivimos está diseñado para despertar en nosotras la insatisfacción corporal.

Desde muy pequeñas se nos contó esa única historia: la de una forma correcta de tener un cuerpo, el cual, si no lo teníamos, podíamos y debíamos esforzarnos por conseguir, ya que nuestra apariencia sería la definición en gran medida de nuestro valor como mujeres y como personas.

La definición de lo bello es una cuestión absolutamente subjetiva. Lo que hoy se considera bello en ciertos espacios o culturas puede considerarse feo en otras. Sabemos por ejemplo, que en China, durante mucho tiempo, se consideraba un símbolo de belleza que las mujeres tuvieran los pies lo más pequeños posible. Esto les otorgaba estatus y atractivo físico. Para evitar que los pies de las niñas chinas crecieran, era costumbre vendárselos de forma ajustada desde los cinco años.[11]

En Mauritania también existe una definición de la belleza femenina que contradice la de nuestra sociedad: ahí, la gordura de la mujer es símbolo de riqueza y requisito para el matrimonio. Durante muchos años, las mujeres de este país fueron forzadas a una sobrealimentación que las llevara a ganar peso para volverse atractivas.[12]

La narrativa de lo que es bello es un constructo social, mismo que generalmente definen los grupos de poder. Un cuerpo delgado, blanco, alto y con los músculos marcados no es intrínsecamente bello. Si esos cuerpos a nosotras nos parecen bellos, es porque desde pequeñas nos contaron el cuento de que así se veía la belleza.

Te invito a hacer el siguiente ejercicio:

Imagina por un momento que vuelves el tiempo atrás a cuando tenías tres años. Imagina que a esa niña le mostraran una foto tuya actual y le dijeran: este es el cuerpo que tendrás de adulta. ¿Qué te imaginas qué diría esa pequeña? ¿Cómo se expresaría de ese cuerpo?

Lo más probable es que respondas que esa versión pequeña de ti misma no hubiera hecho grandes comentarios al respecto. Lo más probable es que esa niña hubiera alzado los hombros en señal de indiferencia y hubiera continuado jugando. Lo más probable es que esa pequeña hubiera tenido una aproximación neutral hacia esa imagen, pues a su corta edad no tendría aún juicios sobre los cuerpos ni tendría integrada la absurda idea de que hay cuerpos mejores que otros.

Nadie nace odiando su cuerpo ni teniendo pensamientos juiciosos hacia él, y es la cultura y la socialización la que nos va llevando a aprender que los cuerpos "deben verse de cierta manera para ser valorados o aprobados". Constantemente, las mujeres escuchamos frases del tipo "a las gorditas nadie las quiere" o "no existe una gorda feliz", de forma que todas vamos interiorizando el mensaje de que, para ser deseadas, amadas y felices, la delgadez es un requisito.

El rechazo a nuestro propio cuerpo es aprendido y fue creado por la infinidad de mensajes que hemos recibido durante años de que nuestros cuerpos son imperfectos o defectuosos, con la intención de que pasemos la vida intentando arreglarlos (y por supuesto, gastando en ello enormes sumas de dinero).

La insatisfacción corporal no es un tema individual, es un asunto colectivo. Te comparto aquí algunas estadísticas con respecto a la imagen corporal en Estados Unidos:[13]

- 53% de las niñas estadounidenses están "infelices con sus cuerpos". Esta cifra aumenta a 78% cuando las niñas llegan a los diecisiete años.
- 45.5% de los adolescentes y 43.7% de las mujeres mayores de 60 años afirmaron estar considerando la cirugía estética.
- Entre 40% y 60% de las niñas de escuela primaria manifiestan preocupación por su peso o por engordar.
- 46% de los niños de 9 a 11 años reportaron hacer dieta "a veces" o "muy a menudo", y 82% de sus familias hacen dieta "a veces" o "muy a menudo".
- Estudios realizados en la Universidad de Stanford y la Universidad de Massachusetts encontraron que 70%

de las mujeres universitarias dicen que se sienten peor acerca de su propia apariencia después de leer revistas femeninas.

Si tantas y tantas personas, y sobre todo mujeres, viven insatisfechas con sus cuerpos y pasan la vida intentando modificarlos ¿no habrá entonces algo mal a nivel sistema? ¿No será que el odio y el juicio hacia nuestros cuerpos es algo aprendido? ¿Será que a alguien le conviene que vivamos en ese estado de insatisfacción corporal y autodesprecio?

El mito de la delgadez

"La delgadez es un requisito". Así como se nos educó, para pensar que ser bellas era un requisito para ser amadas, valoradas y aceptadas, también se nos vendió la idea de que esta belleza era exclusiva de los cuerpos delgados.

A lo largo de la historia, la definición de lo que se considera un cuerpo bello ha cambiado. Sin embargo, desde hace varias décadas, el modelo aspiracional imperante se ha caracterizado por la delgadez. Esta narrativa ha permeado a todas las esferas de nuestra vida, de tal forma que hemos asociado la delgadez no solo con belleza sino con éxito, disciplina, virtud y superioridad moral. Por su parte, la gordura se ha vinculado con lo despreciable, lo grotesco, lo indisciplinado y lo indeseable.

Cotidianamente vemos representados en películas, libros y programas de televisión al personaje gordo como aquel que no se esfuerza, el flojo, el irresponsable, el descuidado y el torpe. Esta caracterización de la gordura como lo indeseable nos ha llevado a temerle más que a nada y a anhelar profundamente la delgadez. Y es que nuestro deseo por adelgazar no viene del deseo de un cuerpo delgado *per se*, lo que deseamos es escapar de esas connotaciones negativas que se asocian con la gordura y acceder a todos los privilegios que la sociedad gordofóbica otorga a la delgadez.

En 2023 se estrenó en el cine la película de *La ballena*, protagonizada por Brendan Fraser. El filme desató grandes polémicas y fuertes críticas por distintos activistas gordos que la tacharon de gordofóbica y estigmatizante. Y es que la película no solo muestra un cuerpo irreal, creado a base de prostéticos, sino que retrata la extrema gordura como lo grotesco, lo monstruoso y lo indeseable. Durante el filme se refuerzan todos los estereotipos que esta sociedad gordofóbica tiene sobre los cuerpos gordos: Charly, el protagonista, es un hombre que siempre come sentado en su sillón, jamás en una mesa. Se le ve alimentarse exclusivamente de alimentos considerados "chatarra" y de una forma voraz, descuidada y sucia, que resulta desagradable para el espectador. Jamás se le ve comiendo una fruta o una verdura, y sus porciones siempre son enormes. Las tomas a su cuerpo gordo son morbosas, con la intención de mostrarlo como algo enorme, pero a la vez repulsivo. Y Charly tiene ese cuerpo por su culpa, porque él se lo causó, porque él se abandonó, porque se dejó ir. Por supuesto que Charly además tiene serios problemas de salud asociados con su gordura, pues los gordos están enfermos. El personaje de Charly nos hace sentir un profundo miedo a engordar, un temor a terminar con un cuerpo monstruoso que nos arrastre a la soledad, al abandono, a la depresión, a la enfermedad y a la muerte. Nadie quiere ser Charly, al grado de que muchas personas me compartieron que durante la película dejaron de comer sus palomitas.

El privilegio delgado

El privilegio, por definición, es un derecho, ventaja o inmunidad disponible solo para una persona o grupos de personas. La familia y el lugar geográfico al que nos toca llegar, las condiciones de nuestro nacimiento y el cuerpo que nos toca habitar determinarán de manera importante los privilegios a que seremos acreedores. En mi caso, ser una mujer delgada me otorga, entre otros, los siguientes privilegios:

- Poca gente o mensajes me podrían hacer sentir vergüenza por mi cuerpo, dado que este se acerca al tamaño "aceptable" en la sociedad. Las personas con cuerpos mayores son constantemente avergonzadas y juzgadas por sus cuerpos, tanto por los medios como por las personas a su alrededor.
- Quepo perfectamente bien en cualquier espacio público. Jamás me preocupo por cómo serán los asientos o espacios a los que voy a asistir.
- La gente no juzga la forma en que como o los alimentos que elijo. Ser delgada me da la libertad de comer lo que quiera sin que los ojos de los demás se posen sobre mi plato o hagan comentarios juiciosos sobre mis elecciones.
- Encuentro ropa de mi talla en cualquier tienda y además siempre tengo la posibilidad de elegir entre modelos de ropa distintos. No es necesario que recurra a tiendas especializadas ni compre en línea para encontrar esa "talla especial".
- En los medios de comunicación se muestran cuerpos de mis dimensiones como "buenos cuerpos", como "mo-

delos a seguir". Mi tipo de cuerpo se considera como aspiracional.

- En mis visitas a los doctores, mis síntomas son atendidos por lo que son y nunca obtengo por respuesta que lo que tengo que hacer para que estos desaparezcan es bajar de peso (de acuerdo con el Fat Census en Estados Unidos,[14] 64% de los pacientes gordos han sido mal diagnosticados, atribuyendo sus síntomas al peso).
- La forma de mi cuerpo no se asocia con cualidades negativas, como el descuido, la holgazanería, la indisciplina y la irresponsabilidad.
- Tiendo a recibir halagos y alabanzas por mi físico de forma mucho más cotidiana que las personas gordas.

Las personas delgadas tenemos estos privilegios por el simple hecho de existir. No hemos hecho nada para merecerlos. La cultura de dietas ha tejido una telaraña de mitos alrededor de la delgadez tiñéndola de una falsa meritocracia; es decir, se asume que la delgadez es algo que la persona se ha ganado a base de su esfuerzo y de hacer las cosas "bien".

Nuestro miedo a engordar es mayoritariamente un miedo a perder privilegios. No le tememos al cuerpo gordo *per se*, le tememos al estigma, al maltrato y a la discriminación que se otorga a los cuerpos gordos en este mundo que odia lo gordo.

Imagina por un momento que vivieras en una sociedad que admira la gordura, que otorga mayores oportunidades laborales y sexoafectivas a las personas gordas, que cobra primas de seguro más caras a las delgadas, que no fabrica ropa en tallas pequeñas, que discrimina a las flacas, que alaba y felicita a las personas que aumentan de peso, que muestra a las personas gordas como figuras exitosas y aspiracionales. ¿Crees que seguirías deseando de la misma forma tener un cuerpo más delgado?

El deseo por adelgazar es completamente normal y entendible, siendo que hemos crecido en una cultura que nos ha enseñado a desearlo. Quizás uno de los primeros pasos para hacer las paces con nuestro cuerpo es reconocer de dónde viene ese deseo por cambiarlo y entender que es algo aprendido. Nadie nace deseando la delgadez, nadie nace con juicios hacia los cuerpos, nadie nace deseando modificar su cuerpo.

Creer que hacer dieta es "nuestra elección" o algo que se hace por "convicción" es ignorar el impacto que nuestra cultura y los mensajes que recibimos tienen en nuestros pensamientos y elecciones.

Entiendo que puedas sentir que eres tú quien desea profundamente perder peso; sin embargo, dado que no existe una sola intervención que a la fecha haya demostrado ser capaz de hacerte perder peso y mantenerlo, comprender de dónde proviene ese deseo es un buen punto de partida para empezar a trabajar con él y a transformarlo. Pero te invito a preguntarte: si no te hubieran impuesto la idea de que un cuerpo delgado es mejor que uno gordo, ¿seguirías haciendo las mismas elecciones?

No, no todas las personas pueden ser delgadas

La creencia de que todas las personas pueden ser delgadas si se esfuerzan lo suficiente está tatuada en el inconsciente colectivo. Esta creencia es solo eso: una creencia. Existe suficiente evidencia de que la mayoría de las personas que pierden peso con cualquier intervención (esto aplica a cualquier tipo de dieta, cambio de hábitos e incluso cirugía bariátrica) recupera el peso a la larga. Se ha documentado que 95% de las personas que pierden peso con cualquier dieta lo recuperan en un periodo de entre dos y cinco años, mientras que dos terceras partes terminan ganando más peso del que perdieron.[15]

La creencia de que todos pueden ser delgados ha permitido que la industria de las dietas se convierta en un gigante que genera $75 000 millones de dólares anuales solo en Estados Unidos.[16] Esta suma es altísima. Imagínate, se estima que para acabar con el hambre a nivel mundial se requerirían $7 000 millones de dólares.[17] O sea, la industria de las dietas, solo en Estados Unidos, genera 10 veces más. La realidad es que, si ser delgado fuera una elección, la mayoría de la gente ya lo sería pues, ¿quién elegiría ser gordo en un mundo que te trata con desprecio y que te discrimina cuando lo eres?

La diversidad corporal como parte de la naturaleza

La realidad es que la diversidad corporal existe, es parte de la naturaleza humana. Nos basta con asomarnos a la calle para darnos cuenta de que todos los cuerpos son distintos y vienen en diferentes formas, tamaños y colores. Así como hay personas más altas, más bajas, más morenas o más rubias, hay personas más flacas y más gordas. La delgadez y la gordura han existido siempre y seguirán existiendo. Basta con ver representaciones de arte del pasado para darnos cuenta de que los cuerpos gordos siempre han existido. El perfil de Instagram @fatarthistory muestra una vasta representación de cuerpos gordos en obras de arte a lo largo de la historia. Quizás una de las representaciones antiguas e icónicas de la gordura es la venus de Willendorf, una venus paleolítica datada entre los años 27 500 y 25 000 a. C. Al ver estas representaciones de gordura del pasado, algo queda bien claro: los cuerpos gordos han existido desde épocas muy remotas, en las que por supuesto no había McDonald's® ni Coca-Cola®.

Creer que todas las personas pueden ser delgadas es irrisorio, pero pretender que todas deban serlo es además violento.

La delgadez como símbolo de superioridad moral

Vivimos en una cultura donde los cuerpos son jerarquizados, es decir, donde se considera que algunos cuerpos son mejores que otros y son merecedores de mayores derechos y oportunidades.

Esto nos ha llevado a interiorizar colectivamente es la creencia de que las personas delgadas son superiores en muchos aspectos a las personas gordas y por lo tanto tienen derecho a situarse por encima de ellas en una jerarquía social. Esta creencia hace que las personas delgadas se sientan con el derecho de decirles a las personas gordas cómo vivir su vida y dictar normas de conducta, sobre todo en lo que a alimentación y ejercicio se refiere.

Esta creencia perpetúa y mantiene el dominio social, político, histórico e institucional de las personas delgadas, y además funciona en términos de gradientes: mientras mayor sea la gordura, mayor será la opresión.

Algunas personas delgadas, al interiorizar esta creencia, asumen que tienen derecho a mayores oportunidades y privilegios por tener un cuerpo flaco. A esto se le conoce como dominio internalizado. Además, estas personas creen que merecen mayores derechos porque suponen que la delgadez es "algo que se han ganado". A esto justamente me refiero cuando hablo de meritocracia corporal. Esta creencia tiene connotaciones racistas y clasistas, y se alimenta de sistemas sanitarios e institucionales de opresión gordofóbica que validan y refuerzan la creencia de que las personas delgadas son superiores.

En su libro *Fearing the Black Body, The Racial Origins of Fatphobia*, la socióloga Sabrina Strings realiza un complejo análisis histórico que visibiliza cómo la gordofobia tiene sus orígenes en el racismo. Strings nos deja ver cómo en la época de la esclavitud en Estados Unidos, los cuerpos gordos comenzaron a asociarse con la raza negra, esa raza que se consideraba inferior, salvaje, grotesca y además glotona. Por su parte, las mujeres blancas europeas, cuyos cuerpos se asumían como más delgados, fueron vistas como el modelo aspiracional. De esta forma, la delgadez, principalmente la femenina, comenzó a considerarse símbolo de virtud, elegancia, disciplina, mesura y belleza.[18]

El mandato de la delgadez

Si eres mujer este es tu decreto, este es tu mandato.

Serás valorada por el ancho de tu cadera, la circunferencia de tu cintura y el grosor de tus muslos, y tu valía será mayor entre más te encojas.

Deberás vivir con hambre, ese es tu destino. Aprenderás a soportarla, resistiéndote a los deseos de alimentar tu cuerpo.

Tendrás alimentos prohibidos, mismos que serán simultáneamente permitidos a tus pares masculinos.

Aprenderás a decir a los demás que no tienes hambre, que ya cenaste. Aprenderás a mentir mientras por dentro te carcomen las ganas de comer.

Te adoctrinaremos para que vivas en una hambruna perpetua creyendo que lo haces por decisión propia, y porque tú así lo deseas. Creerás que esto es tu elección.

Te avergonzaremos y humillaremos de maneras inimaginables con cada gramo subido para que entonces hagas del adelgazamiento tu proyecto de vida.

Vivirás con hambre, vivirás débil. Vivirás cansada, vivirás irritable.

Sin embargo, creerás siempre que todo ese sacrificio merece la pena, ya que recibirás cascadas de alabanzas y halagos con cada gramo perdido, mismos que lograrán su cometido: te volverás cada vez más y más pequeña, hasta (casi) desaparecer.

El mito de las dietas

La dieta es, en sí misma, un estado precario
e inestable para el cuerpo.
SUSAN BORDO

Si tienes este libro entre tus manos, es muy probable que a lo largo de tu vida hayas hecho múltiples dietas con la intención de perder peso. Es también muy probable que te hayas sentido tremendamente frustrada al ver cómo, con el tiempo, esos kilos que con tanto esfuerzo bajabas, regresaban con facilidad, y en todas esas ocasiones creíste haber fracasado, pues si recuperabas el peso era porque no tenías fuerza de voluntad, carecías de disciplina o algo estabas haciendo mal. Y seguramente jamás imaginaste que lo mismo que te ocurría a ti, le ocurría a 95% de las dietantes. Probablemente, te culpaste, sumida en una tremenda frustración e impotencia.

¿Y si te dijera que tú nunca le fallaste a las dietas, sino que las dietas te fallaron a ti?

Si las dietas funcionaran, ¿por qué cada primero de enero la gente incluiría entre sus propósitos perder peso?

Las dietas para perder peso no solo no funcionan a largo plazo, sino que su principal efecto secundario es una mayor ganancia de peso.

Las dietas son estados de subalimentación insostenibles. Nadie puede vivir eternamente en un déficit calórico; es decir, nadie puede pasar toda la vida comiendo menos de lo que su cuerpo requiere. Cuando hacemos una dieta para adelgazar, lo que hacemos es, por medio de la restricción, llevar a nuestro cuerpo a un infrapeso, o sea, a un peso menor del que le corresponde. Cuando el estado de subalimentación desaparece (dejamos de hacer la dieta), nuestro cuerpo hará todo cuanto pueda por volver a su peso de origen, o incluso a uno mayor como medida de protección ante el peligro de una hambruna futura.

Y es que nuestros cuerpos no distinguen entre una hambruna real y una "voluntaria". Cuando se hacen dietas hipocalóricas el cuerpo percibe este estado de subalimentación como una amenaza. El cuerpo no entiende de estándares de belleza ni de mandatos sociales; el cuerpo descifra la escasez de comida como un estado de peligro.

Este cuerpo, cuyo principal objetivo es nuestra supervivencia, hará entonces todo lo posible por sobrevivir esa hambruna y preservar la vida, de tal forma que echará a andar mecanismos para resistirse a la pérdida de peso.

La fantasía de la última dieta

¿Cuántas veces has empezado una dieta creyendo que sería la última? ¿Cuántas veces te dijiste que ahora sí llegarías a "tu peso soñado" y ahí te quedarías? ¿Qué tan frustrada te sentiste cuando esto no sucedió? ¿Y cuántas veces has pensado que la culpa fue tuya?

¿Te parece acertado decir que 95% de todas estas personas son responsables de su "fracaso" por tener "poca fuerza de voluntad"? ¿No te parece que sería momento de empezar a cuestionarnos si la falla no está en el sistema?

La fantasía de la última dieta es algo que vive dentro de todas las personas que quieren perder peso: todas viven soñando que pronto encontrarán ese hilo negro, que por fin se toparán con LA dieta que cambiará su vida para siempre. Y esto bien lo sabe la industria de las dietas, una industria que cada vez rebautiza los mismos métodos arcaicos que han demostrado no funcionar para venderlos con otro nombre, disfrazándolos de novedad. Por ejemplo, ¿sabías que la dieta keto no es más que un refrito de la dieta Atkins, publicada originalmente en 1970?

La fantasía de la última dieta tiene a tantas personas enfrascadas en un laberinto sin salida. El deseo de delgadez se nos ha insertado de forma tan profunda que estamos dispuestas a intentar e intentar lo mismo de siempre, esperando resultados distintos. La fantasía de la última dieta nos mantiene esclavizadas y sometidas a una restricción alimentaria que nos ha prometido escapar del gordo odio y de acceder a los privilegios que otorga la delgadez.

El ciclo de las dietas

Cada que empiezas una nueva dieta lo haces con la ilusión de que esta sí sea la buena, la efectiva. Cada nueva dieta llega con la promesa de ser algo distinto, una combinación exclusiva de reglas, horarios, rituales y alimentos que te aseguran adelgazar para siempre. Y es tan grande tu anhelo, que confías y depositas toda tu esperanza en ese programa o régimen tremendamente seductor.

Pero ¿te has cuestionado de forma profunda por qué empiezas una nueva dieta y qué es lo que aspiras a alcanzar con ella? Quizás tus respuestas a estas preguntas sean complejas y variadas, aunque seguramente tienen que ver en gran medida con la insatisfacción corporal que el culto a la delgadez y la gordofobia te llevaron a sentir. Es probable que también tenga que ver con que crees que esa es la única forma de alcanzar la salud. Respuestas que, en el fondo de todo, se originan de una cultura donde hacer dieta es una conducta normalizada, sobre todo para las mujeres.

También es claro que querer adelgazar tiene que ver con acceder a los privilegios que se les otorgan a las personas delgadas. Sea cual sea tu respuesta, empiezas una dieta porque lo que deseas es modificar tu cuerpo, porque te han dicho que, así como existe hoy, es imperfecto, porque crees que es tu deber y tu obligación llevar a tu cuerpo a un tamaño menor al que tiene hoy.

Las dietas son cíclicas y constan de varias etapas:

1. **La luna de miel.** Es la etapa inicial donde te sientes empoderada e ilusionada. Te provoca cierta excitación comenzar un nuevo plan. Sueles ir al supermercado a surtirte de todo lo que dicta la lista que te dieron. Te ilusiona empezar a comer de forma "saludable" y hasta te parecen atractivos los platillos que aparecen en tu plan. Cuelgas tu menú en el refrigerador a manera de "motivación". Quizás simultáneamente empiezas igual a ejercitarte para "complementar" la dieta. Te sientes imparable.
2. **El refuerzo.** Generalmente, en las primeras etapas de la dieta comienzas a ver cambios en la báscula. Los números bajan y eso te entusiasma muchísimo. Te da tanta ilusión perder peso que se refuerzan las conductas dietantes. Te dices a ti misma que vas por buen camino. La gente comienza a alabarte, recibes elogios y felicitaciones. Te tratan mejor y eso, por supuesto, te gusta.

La ropa comienza a quedarte grande y, como siempre has creído que eso es símbolo de éxito, te sientes más poderosa que nunca.

3. **El comienzo del hartazgo.** Conforme pasa el tiempo te empiezas a sentir un poco aburrida con tu plan de alimentación. Extrañas comer otras cosas y el menú te empieza a cansar. Te das cuenta de que ya no bajas tanto de peso como al principio y eso te desmotiva un poco. Comienzas a dudar de ti misma y llegas a pensar que quizás no estás haciendo las cosas bien. ¿Tal vez no mediste bien esa media taza de arroz? ¿Será que en vez de seis almendras te comiste siete?
4. **El primer "tropiezo".** Eventualmente, un día, tu hambre, tu antojo por algún alimento que tienes prohibido o las circunstancias de la vida te llevan a "romper" por primera vez tu dieta. Por una u otra razón, no puedes resistirte a comer eso que tanto habías evitado. La culpa te invade, sientes que fracasaste. Quizás incluso tengas un atracón, ya que tu mente te dice "ya que la rompiste, aprovecha y come todo cuanto puedas hoy, que mañana sin falta vuelves a empezar". Pero todo el tiempo te repites que esta será la última vez que suceda, tú eres fuerte y podrás controlarlo. Esto es solo un tropiezo.
5. **Los "tropiezos" comienzan a ser cada vez más frecuentes.** Te sales del plan varias veces. Cada vez puedes controlar menos la restricción. Te sientes frustrada y desesperada. No entiendes qué pasa contigo. Piensas que tienes un problema. ¿Por qué si puedes ser disciplinada en otros aspectos de tu vida, en este no lo logras? ¿Es que acaso no tienes fuerza de voluntad?

6. **El abandono de la dieta.** Llega un momento en que no puedes más. La vida sigue y pasan cosas, se te presentan eventos, viajes y situaciones que no te permiten seguir apegada a la dieta. Además, cada vez aguantas menos la restricción. Quizás comienzas a tener atracones de forma más frecuente y la culpa te invade. Te sientes fracasada. Terminas abandonando la dieta y crees que se debe a tu falta de fuerza de voluntad o disciplina; además, esto es lo que te dicen. Percibes todo como un fracaso personal, te sientes frustrada y decepcionada de ti misma.
7. **El rebote.** Nadie te dice que, si abandonaste la dieta, es porque es insostenible vivir en un estado de subalimentación y restricción. Nadie te dice que esto no es tu culpa, que es el inevitable desenlace de las dietas. Poco a poco, ves con horror y espanto que tu peso comienza a subir y no puedes detenerlo. Entras en estado de pánico. Te deprimes. Con el tiempo, los kilos regresan, la ropa pequeña deja de quedarte y no puedes más que llorar y recriminarte. Dejas de mirarte al espejo. No quieres salir a la calle por temor a que te vean. ¿Qué dirán de ti ahora todas esas personas que tanto alabaron tu delgadez? ¿Las estarás decepcionando?
8. **Un nuevo plan.** Después de recuperar el peso perdido, alguien te cuenta de una nueva dieta. Algo nunca visto. Un método distinto que tiene un nombre muy atractivo y promete ser la solución a todos tus males. Vuelves a ilusionarte. Vuelves a confiar. Vuelves a creer. Inicias de nuevo el ciclo con una nueva luna de miel.

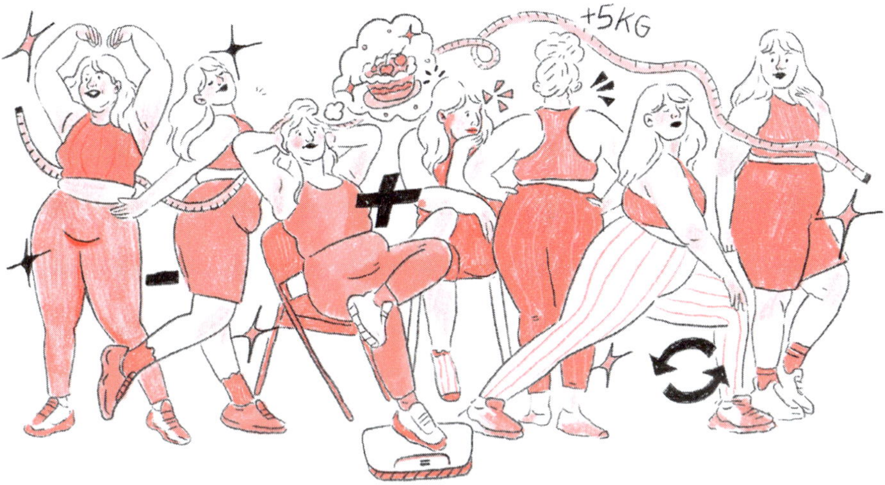

El ciclo que te he narrado es en el que tú y muchísimas personas en el mundo han vivido inmersas por años. Quizás pensabas que esto solo te sucedía a ti, quizás jamás pensaste que todo era parte de un sistema fallido, diseñado para llevarte una y otra vez a ese laberinto sin salida.

Ahora quisiera platicarte qué pasa en tu cuerpo a nivel fisiológico durante el ciclo de las dietas. Esto también se da por etapas. Cuando empiezas una dieta, tu cuerpo empieza a percatarse de que la comida es insuficiente. Tu cuerpo percibe una amenaza o un peligro. Recordemos que nuestros genes provienen de antepasados que debieron enfrentarse a periodos de escasez alimentaria, y los seres humanos desarrollamos mecanismos para sobrevivir los periodos de hambruna. Tu cuerpo no distingue entre una hambruna real y una "voluntaria". Tu cuerpo no entiende de estándares de belleza ni de gordofobia. Tu cuerpo asume la dieta como una escasez de alimento que atenta contra su supervivencia. Entonces, entra en estado de alerta. Como tu cuerpo no sabe cuánto va a durar esta hambruna, echa a andar los siguientes mecanismos para defenderse:

1. **Aumento en los niveles de cortisol y de hormonas inflamatorias.** Este incremento tiene que ver con la situación de estrés que se está viviendo. Recordemos que el hambre es uno de los mayores estresores a los que puede someterse al ser humano.
2. **Incremento en los niveles de grelina y de neuropéptido Y.** La grelina es una hormona que se libera en el estómago e induce el hambre. Por su parte, el neuropéptido Y es un neurotransmisor que interviene también en la regulación del apetito y aumenta nuestro deseo de comer carbohidratos. Diversas investigaciones han demostrado que, durante la restricción calórica, los niveles de grelina y neuropéptido Y suben, provocando así un hambre mayor o voraz, y un deseo por consumir carbohidratos.[19]

   El incremento de estas dos sustancias es completamente entendible. Si el cuerpo no está recibiendo suficiente alimento, hará todo lo posible por mandar señales más intensas de hambre para obligarnos a buscar comida, sobre todo rica en carbohidratos, ya que son la principal fuente de energía para nuestro cuerpo.
3. **Disminución en los niveles de leptina.** La leptina es una hormona que induce la saciedad. Diversos estudios han encontrado que, ante la restricción calórica, los niveles de leptina en el cuerpo disminuyen,[20] de tal forma que es más difícil sentirnos saciados. Esto también tiene lógica, el cuerpo busca reponer todo lo que no le hemos dado en días previos.

4. **Aumento de la palatabilidad de los alimentos en los sistemas de recompensa y del placer al comer.** Diversos estudios también han demostrado que la restricción calórica provoca un aumento en los antojos de comida (*food cravings*),[21] mientras que los sistemas de recompensa cerebral que se activan al comer incrementan su respuesta; es decir, la comida provoca un mayor placer. Los alimentos suelen percibirse como más apetitosos y el deseo de comerlos se incrementa, pues esto representa un mecanismo de supervivencia del cuerpo humano.

Recuerdo que hace tiempo me buscó una mujer pidiéndome una consulta. Me dijo que ella ya había dejado las dietas y que sentía que comía intuitivamente, guiándose por sus señales de hambre y saciedad. Sin embargo, quería tener una sola sesión conmigo pues creía que algo estaba haciendo mal. Cuando nos vimos, me contó que, desde que dejó atrás las restricciones, sentía que la comida ya no le sabía igual de rica, no experimentaba el mismo placer de antes al comer. Ella creía que se debía a alguna falla en la forma en la que llevaba la Alimentación Intuitiva. Sin embargo, lo que le pasaba era completamente normal. Cuando las personas dejan de restringirse y de subalimentarse, en ciclos a veces interminables, el alimento no solo pierde poder, sino que puede llegar a ser menos placentero o apetitoso. Esto va aunado al hecho de que, al momento en que cierto alimento deja de ser prohibido, se pierde también la emoción y excitación que se produce al acceder a algo que no nos permitimos de forma cotidiana. Algunas de mis consultantes incluso me han dicho con un dejo de tristeza que por momentos llegan a extrañar el placer y la emoción que en el pasado les producía comer ese alimento tan anhelado y prohibido a la vez.

5. **Disminución en la tasa metabólica basal.** La tasa metabólica basal (TMB) es la cantidad mínima de energía que necesita tu cuerpo para sobrevivir realizando las funciones básicas, tales como respirar, parpadear, filtrar la sangre, regular la temperatura del cuerpo o sintetizar hormonas. En otras palabras, es la cantidad de calorías que gasta tu cuerpo en reposo para garantizar las funciones básicas del organismo. La restricción calórica prolongada hace que esa tasa disminuya; es decir, cada vez quemas menos calorías en reposo y tu metabolismo es más lento. Esto se corroboró en un estudio entre 14 participantes del programa de televisión *The Biggest Loser*.[22] El estudio reveló que los participantes no solo vieron reducida su TMB durante el programa, sino que seis años después seguía siendo inferior a aquella con que empezaron el programa (en promedio, quemaban aproximadamente 700 calorías menos al día). Y no es de sorprender que este estudio también constatara que la mayoría de los kilos perdidos ya se habían recuperado. Algunos de los participantes del *show* se han atrevido a alzar la voz, a denunciarlo como violencia e incitación a los Trastornos de la Conducta Alimentaria. En diversas entrevistas que puedes encontrar en YouTube,[23] la participante Suzanne Mendonca, quien terminó recuperando mucho más peso del que perdió, denuncia los daños y las terribles consecuencias que desató este programa en la salud de los participantes.

Es así que, conforme pasa el tiempo y sigues a dieta, tu cuerpo se asegura de que te sientas cada vez más hambrienta, más atraída por la comida y con más antojos. Pero también se asegura de que gastes menos calorías para tus funciones básicas en un intento de ahorrar energía para garantizar tu supervivencia. De tal forma, cuando abandonas la dieta, tu cuerpo está listo para recuperar cuanto antes el peso perdido; aunque muchas veces se asegurará de ganar aún más con la intención de prevenir y protegerse en caso de que llegue a presentarse otro periodo de hambruna (es decir, tu próxima dieta) en el futuro.

Los engaños de la cultura de dietas

Las dietas no funcionan. Eso es un hecho. Sin embargo, la industria multimillonaria de las dietas te hará creer una y otra vez que, si no funcionaron, es por tu culpa, porque no le echaste las suficientes ganas, porque no fuiste lo suficientemente disciplinada o porque no tienes suficiente fuerza de voluntad. Y es que la estrategia mercadológica de las dietas es estupenda. Funciona de la siguiente manera:

1. Inventa un problema y una necesidad que no existían. Dile a la gente que su peso es un problema y que necesita reducirlo.
2. Convence al mundo, pero sobre todo al gremio médico, de que el problema que inventaste es alarmante. Incluso, nómbralo EPIDEMIA.
3. Avergüenza a las personas para que deseen "arreglar" ese problema más que nada en la vida y, sobre todo,

asegúrate de que estén dispuestas a pagar lo que sea por obtener "la solución".

4. Inventa una "solución" al "problema" con un producto que falle a largo plazo: DIETA.
5. Cuando tu producto falle, hazle creer al cliente que fue por su culpa, porque no fue lo suficientemente disciplinado.
6. Véndele de nuevo el mismo producto, pero con otro nombre, haciéndole creer que es algo distinto.

Y para hacerte creer que el fracaso es tu culpa, la industria de las dietas se ha fabricado también innumerables mentiras que han difundido colectivamente hasta volverse mantras que la gente repite sin cuestionamiento alguno. He aquí algunos:

- **No es hambre, es sed.** Esta es una tremenda mentira, que incluso parece cómica, pero nos la repitieron tanto que la creímos. La realidad es que el hambre es hambre y la sed es sed. Si estas dos señales fueran confundibles, como dicen aquellos gurús, lo serían en ambos sentidos. Me pregunto, ¿por qué entonces cuando siento sed no me mandan primero a comer una rebanada de pizza a ver si se me pasa?
- **No es dieta, es estilo de vida o cambio de hábitos.** Muchas dietas pretenden disfrazarse bajo este eslogan: no se trata de dieta, se trata de incorporar buenos hábitos y "aprender a comer". Y resulta que, cuando las personas se acercan a quienes promueven este tipo de "tratamientos", terminan recibiendo más de lo mismo, un plan de alimentación con alimentos prohibidos,

reglas, raciones, porciones y horarios. Llamarlo "estilo de vida" no cambia el hecho de que la restricción es insostenible.

- **Es cuestión de "fuerza de voluntad".** Este concepto me parece tan absurdo. ¿Por qué deberíamos tener fuerza de voluntad para ir en contra de nuestra naturaleza?; es decir, para pasar hambre. ¿Por qué deberíamos resistirnos a comer lo suficiente, siendo que el alimento es la fuente de energía indispensable para nuestro cuerpo?

Es como si de pronto alguien nos indicara que debemos aguantarnos las ganas de orinar, de respirar, o la sed, o el sueño, y que podríamos lograrlo a base de "fuerza de voluntad". ¿De verdad podríamos pasar días y días sin orinar lo suficiente, beber lo suficiente, respirar lo suficiente o dormir lo suficiente? ¿Por qué entonces creemos que podemos pasar largas temporadas sin comer lo suficiente? Hacer dieta es ir en contra de nuestra naturaleza, es darle a nuestro cuerpo menos alimento del que requiere y tenerlo con hambre. Esto es insostenible, y en absoluto es una cuestión de "fuerza de voluntad". "Romper la dieta" es un acto de supervivencia y autocuidado. Cuando rompes tu dieta, justo estás escuchando el llamado de tu cuerpo que grita pidiéndote el alimento que no le has dado en días pasados. Y literalmente te grita con un hambre voraz y descontrolada que intenta que te repongas de la inanición a la que te acabas de someter. Es como si pasaras varios días bebiendo poquísima agua: al cabo de unos días tendrías que beber mucho para recuperar el líquido del que privaste a tu cuerpo. ¿Te parecería lógico decir que esto sucede porque eres adicta al agua?

La industria de las dietas se seguirá empeñando en decirte que todo es cuestión de fuerza de voluntad, ¿y sabes por qué? Porque las dietas son insostenibles, pero la mejor estrategia para seguirlas vendiendo es echarte a ti la culpa del fracaso para que así seas por siempre un cliente cautivo. Mientras sigas pensando que la falla está en ti, seguirás intentándolo eternamente y seguirás enriqueciendo a una industria multimillonaria que lucra con tus inseguridades.

Los daños de las dietas

Además de dañar nuestra relación con la comida y nuestro cuerpo, las dietas impactan negativamente nuestra salud física, emocional, mental, social y financiera. Los daños no solo provienen de la frustración que nos generan al no darnos los resultados que prometen, sino que también tienen que ver con el impacto negativo que tiene por sí sola la restricción alimentaria en nuestro organismo. Para ilustrar esto recurro ahora a un experimento que se hizo en la Universidad de Minnesota, en la década de 1940.[24]

El experimento de inanición de Minnesota tenía el propósito de investigar cuáles eran los efectos físicos y psicológicos de una restricción alimentaria severa y prolongada, e indagar la efectividad de diferentes estrategias de realimentación después de la hambruna. Todo esto con la intención de conocer cuál sería la mejor manera de nutrir a las personas que habían pasado hambre extrema durante la Segunda Guerra Mundial.

El estudio fue dirigido por el doctor Ancel Keys, quien reclutó a 32 hombres voluntarios y sanos para participar en cuatro etapas: 12 semanas iniciales de estabilización, seguidas de 24 semanas de hambruna, para después finalizar con dos fases de recuperación que incluían diversas estrategias de realimentación.

Durante la primera etapa, la de estabilización, los hombres recibieron una dieta controlada de aproximadamente 3200 calorías al día. La segunda etapa, la de hambruna, consistió en ingerir 1560 calorías al día. ¿Te das cuenta? En este estudio, 1560 calorías se consideraban un estado de semihambruna, siendo que esta cifra es mayor incluso a la que manejan hoy en día la mayoría de las dietas para perder peso. En la tercera etapa, los hombres se dividieron en cuatro grupos y recibieron distintos planes alimenticios con diferentes contenidos calóricos y nutrimentales. En la cuarta etapa se permitió a los hombres comer de forma ilimitada, sin ningún control.

Al terminar el estudio se observó que la restricción calórica produjo un incremento significativo de depresión, histeria e hipocondría. La mayoría de los participantes experimentó un estrés emocional severo. Se observaron efectos extremos que incluyeron la automutilación, siendo que un hombre llegó al grado de amputarse tres dedos con un hacha. Los participantes comenzaron a mostrar también una preocupación extrema por la comida y a presentar conductas alteradas de alimentación (como remojar el alimento en agua, o mantenerlo por tiempo prolongado en la boca). Se volvieron altamente irritables y mostraban aislamiento social. Algunos comenzaron a mascar chicle de forma constante y empezaron a adoptar rituales de alimentación. Los momentos de comida eran tensos y algunos comenzaron a coleccionar recetas. Disminuyó su concentración y su capacidad de entendimiento. Su interés sexual se vio drásticamente disminuido, lo mismo que sus capacidades cognitivas. A nivel metabólico se observó una disminución en la temperatura corporal, en la respiración, en el ritmo cardiaco y en el metabolismo basal. Algunos participantes presentaron edema en sus extremidades.

Cuando a los participantes se les dio la oportunidad de volver a comer sin restricciones, muchos de ellos comenzaron a presentar atracones. Un hombre incluso fue sorprendido sacando comida de un bote de basura. A la mayoría le tomó un año retomar la normalidad, muchos continuaron con atracones y algunos ganaron más peso del que tenían cuando iniciaron el experimento.

Es importante cobrar conciencia de que estos hombres no tenían un Trastorno de la Conducta Alimentaria (TCA), pero la simple restricción energética que los hizo comer menos de lo que su cuerpo requiere, los llevó a tener todas estas tremendas consecuencias físicas, emocionales, conductuales y sociales comúnmente observadas en personas con un TCA. ¡Y esto sucedió con un consumo de 1 560 calorías al día! Mucho más de lo que tenemos normalizado en las dietas para perder peso.

Dejar de hacer dietas no es descuidar tu salud

- Dejar de hacer dieta es liberarte de reglas absurdas de alimentación.
- Dejar de hacer dieta es entender que tu salud física, emocional y social se deteriora cuando restringes tu alimentación.

- Dejar de hacer dieta es rebelarte ante un sistema que te hizo creer que debías vivir en un estado de subalimentación para encajar en un estándar.
- Dejar de hacer dieta es comprender que tu salud no se mide en kilos.
- Dejar de hacer dieta es entender que la salud es algo muy complejo y no se determina de forma primordial por lo que comemos.
- Dejar de hacer dieta es reclamar el placer de comer.
- Dejar de hacer dieta es una práctica de autocuidado.
- Dejar de hacer dieta es entender que puedes confiar en tu cuerpo para tomar decisiones asertivas de alimentación.
- Dejar de hacer dieta es reclamar uno de tus derechos humanos básicos: el derecho a comer lo suficiente.

¿Por dónde empezar?

Si eres alguien que ha pasado la vida a dieta, es factible que este libro te cause desconcierto, confusión, miedo y quizás angustia. Es probable que te estés preguntando de qué forma puedes alimentarte ahora. Puede ser que no puedas imaginar tu vida sin dietas, sin reglas de alimentación y sin restricciones. Es completamente entendible que no sepas por dónde empezar y sientas que dejar las dietas es equivalente a arrojarte de un precipicio sin paracaídas. Las dietas por muchos años te han dado una falsa sensación de control y te han hecho sentir una especie de seguridad.

Dejar las dietas es un paso difícil y fuerte. Implica renunciar a la forma en que has estado acostumbrada a comer por años y aventurarte a confiar en tu cuerpo, en el que dejaste de confiar hace tiempo. Abandonar las dietas implica armarte de valor para desafiar creencias profundamente arraigadas y regresar a tu cuerpo y a tu intuición, dejando que estos te guíen para tomar decisiones asertivas de alimentación.

Uno de los primeros pasos para decirle adiós a las dietas es darte el permiso incondicional de comer. Sé que esto suena radical y puede asustarte. Es normal que te provoque miedo, pues muy probablemente tienes arraigadas algunas de las siguientes creencias, mismas que la cultura de dietas nos ha insertado:

- **No voy a parar de comer en todo el día.** La cultura de dietas nos ha hecho creer que somos insaciables, no tenemos llenadera, somos una especie de barril sin fondo que, de tenerlo permitido, procurará comer y comer sin parar. Esto simplemente no es cierto. Si tienes esta creencia, es probable que se deba a que has pasado periodos de tu vida restringiéndote. La restricción es lo que conduce a la obsesión y la compulsión con la comida. La gente que no hace dietas y tiene siempre acceso ilimitado a la comida (lo que, sabemos, es un privilegio) no suele experimentar estas sensaciones de falta de control. Los seres humanos tenemos la capacidad de autorregular nuestra alimentación, ya que nacimos con señales de hambre y saciedad que nos permiten hacerlo. Las dietas constantes nos desconectan de estas señales, al grado de ya no saber identificarlas. La reconexión es posible, pero para lograrla es necesario dejar por completo las restricciones y permitirnos el alimento de forma incondicional.

- **Solo voy a querer comer galletas, chocolates y papas fritas.** Esta es otra creencia que tienen profundamente arraigada muchas de las dietantes. Y es entendible, si estos son los alimentos que te has restringido. Lo prohibido es lo deseado, eso lo sabemos bien. La restricción de ciertos alimentos es lo que nos lleva a obsesionarnos con ellos. En el momento que te das un permiso incondicional de comer lo que te has restringido tanto, te vas dando cuenta, poco a poco, que pierden poder sobre ti. Es importante aclarar que algunas personas, cuando se comienzan a dar el permiso incondicional de comer, pueden experimentar una especie de luna de miel, es decir, un periodo de consumo abundante de esos alimentos antes prohibidos. Sin embargo, es solo una etapa que acaba pasando. Nadie en este mundo quiere pasar la vida comiendo exclusivamente chocolates, frituras y golosinas; y si crees que tú sí, te invito a que en este momento cierres los ojos unos segundos e imagines que alguien te dice de pronto que no puedes volver a comer frutas, verduras, pescado, arroz, lácteos ni pollo el resto de tu vida, que de hoy en adelante tu alimentación estará constituida exclusivamente por galletas, chocolates y golosinas. ¿De verdad crees que te gustaría? ¿Te imaginas comiendo el resto de tu vida así?
- **Voy a engordar sin parar hasta no poderme mover.** El éxito de la industria de las dietas radica en este miedo. Nuestro miedo a engordar es real, y es entendible, dado que vivimos en una sociedad gordofóbica que discrimina y agrede cuando se engorda. Nos han hecho creer que nuestros cuerpos tienen la capacidad de engordar

sin parar y sin control, como si fueran una especie de bola de nieve capaz de crecer y crecer. Si bien es cierto que algunas personas ganan peso al dejar las dietas, esta ganancia no es infinita. Todos los cuerpos tienen un punto de equilibrio o *set point*.[25] El *set point* es el peso donde nuestro cuerpo se estabiliza cuando dejamos las restricciones y comemos de forma intuitiva; es decir, guiados por nuestras señales corporales. El *set point*, también conocido como rango de peso defendido, es distinto para cada persona, y no tendría por qué ajustarse al peso que una tabla arbitraria dice que deberíamos tener. Nuestro *set point* puede cambiar a lo largo de la vida, pues nuestros cuerpos no son estáticos. No tendríamos por qué pesar lo mismo a los 20 que a los 90 años (no conozco aún a ninguna mujer que haya llegado a la vejez con el mismo cuerpo que tenía en su adultez temprana) ni tener el mismo cuerpo antes o después de un embarazo. Los cambios corporales son parte de nuestra humanidad. Nuestro peso va a variar a lo largo de distintas etapas de la vida, y hay momentos en que estas fluctuaciones son más comunes y notorias, como lo es el caso de un embarazo, la etapa de lactancia y la menopausia. Por otra parte, cabe mencionar que las personas que no hacen dietas suelen mantenerse de manera muy estable y regulada en ese *set point*. El *set point* no es un peso fijo, sino un rango de nuestro cuerpo que fluctúa cuando comemos guiados por las señales del organismo.

El mito de la salud

Este es quizás el mito más difícil de debatir y también el que más nos costará entender. Es el mito alrededor del cual se continúa justificando y validando la opresión hacia las personas gordas. Y es que este mito es avalado y validado por una de las comunidades con más peso en nuestra sociedad: la comunidad médica.

Reconozco que esta fue también la parte que a mí más trabajo me costó comprender e interiorizar. Y es que después de tantos años de escuchar por todos lados, una y otra vez, que la gordura era la causante de múltiples enfermedades, salir de la narrativa es tremendamente complicado.

Si bien es cierto que diversos estudios han demostrado que ciertas enfermedades se presentan con mayor frecuencia en personas con pesos más elevados, no quiere decir que la gordura sea la causa de tales padecimientos ni que todas las personas gordas vayan a presentarlos.

Un concepto indispensable para lograr la deconstrucción es comprender que, en ciencia, asociación no es causalidad. El hecho de que dos variables se presenten de forma simultánea no implica necesariamente que una causó a la otra. Para ilustrar esto recurro a un ejemplo:

Se ha demostrado en diversos estudios que tanto la calvicie masculina como la aparición prematura de canas en hombres se asocia con un mayor riesgo de enfermedades cardiacas. Uno de estos estudios encontró que los hombres calvos presentaban un riesgo 5.6 veces mayor de enfermedad coronaria, mientras que los que mostraban encanecimiento prematuro tenían 5.3 veces más riesgo (incluso, este riesgo es mayor que el asociado con personas que caen en el rango de ~~obesidad~~).[26] A partir de esta información, ¿podríamos entonces decir que la calvicie o las canas causan enfermedad cardiaca? ¿Se nos ocurriría en algún momento decirles a los hombres calvos o canosos que son muy irresponsables por tener esa característica física dado que atenta contra su salud? ¿Sería prudente decirles a estos hombres que se hicieran implantes de cabello o se tiñeran las canas para disminuir su riesgo de enfermedad? ¡Por supuesto que no! Todo esto suena tremendamente absurdo. En primera instancia, sabemos que la calvicie o la aparición prematura de canas no es algo que las personas puedan elegir o controlar, pero más que nada sabemos que ni las canas ni la calvicie son capaces de causar una enfermedad cardiaca. Asumimos que debe haber algo más que explique esa asociación. Y claro que lo hay. Se cree que esta asociación puede deberse a una mayor producción de testosterona en los hombres, misma que podría estar favoreciendo la calvicie y la enfermedad cardiaca a la vez. También se piensa que puede tener que ver con cuestiones genéticas, es decir, que estos hombres tengan genéticamente una predisposición tanto a la calvicie como a la enfermedad coronaria. En otras palabras: la asociación no denota causalidad.

En el caso de la asociación entre gordura y una mayor incidencia de ciertas enfermedades, tendríamos también que entender que esto no necesariamente denota una relación causal. Es posible que haya personas con una tendencia genética a tener mayor riesgo de enfermedad, y que esta genética simultáneamente implique tener un mayor peso corporal. Pero también es posible que haya otros factores que pudieran estar favoreciendo tal asociación, ya que las personas gordas no solo comparten como característica común la gordura. Algunos de los factores que podrían explicar esta asociación son:

- **El estrés del estigma y la discriminación.** Hoy en día existe evidencia suficiente para demostrar que el estrés de la discriminación desencadena cambios neurobiológicos y hormonales que propician un estado inflamatorio en el cuerpo, el cual favorece la aparición de enfermedades.[27] Se sabe que, de manera general, las personas discriminadas por cualquier motivo tienden a presentar mayores posibilidades de enfermarse. En este mundo, donde la gordofobia abunda, las personas gordas se enfrentan diario al estigma y la discriminación. El estrés que esto genera podría ser en parte responsable de que aparezcan enfermedades con mayor frecuencia en este grupo.[28]
- **Los ciclos de pérdida y ganancia de peso.** Sabemos que la mayoría de las personas gordas han pasado su vida intentando perder peso, y como las dietas no funcionan y el rebote es inminente, la mayoría ha pasado su vida teniendo fluctuaciones de peso importantes. Estos cambios constantes de peso (*weight cycling*) se asocian con mayores riesgos de salud física y mental.[29] Entre estos riesgos se incluyen enfermedades cardiovasculares, accidentes cerebrovasculares, deterioro de la función inmune y diabetes.[30] De esta forma, podemos intuir que la mayor presencia de ciertas enfermedades en personas gordas podría atribuirse también en parte a los cambios constantes en el peso.
- **El estigma de peso en las consultas médicas.** Los médicos son seres humanos que, como la mayoría de las

personas, se criaron y educaron en un entorno donde existen prejuicios y creencias sobre las personas gordas. Esto hace que los profesionales de la salud no estén libres del sesgo del peso, el cual se define como las actitudes, creencias, suposiciones y juicios negativos hacia personas gordas. La mayoría de los médicos trabaja aún bajo un enfoque centrado en el peso. Esto se traduce en que muchos profesionales de la salud prescriban pérdida de peso como tratamiento a casi cualquier padecimiento. Este sesgo presente en las consultas médicas aleja a las personas gordas de los sistemas de salud. Además, la mayoría de los profesionales de salud siguen creyendo que perder peso es una cuestión de voluntad y disciplina, por lo que terminan juzgando, regañando o avergonzando a sus pacientes por no perder peso. Dado que la mayoría de las personas gordas ha pasado su vida a dieta, muchas optan por no asistir más al médico porque saben que saldrán invariablemente con una prescripción de pérdida de peso como tratamiento.

Es lamentable escuchar las historias de tantas personas gordas que confiesan haber sido víctimas de violencia médica en múltiples ocasiones a causa de la gordofobia de sus médicos tratantes. He aquí algunos de los múltiples testimonios que recibo constantemente en mis redes sociales:

A los 18 años fui al endocrinólogo por temas de mi tiroides. Me dijo que estaba muy gorda, que lo que tocaba en mi cuello no era tiroides, era grasa. Me preguntó si tenía pareja, para agregar después que a los hombres no les gustan las gordas. Me dijo que nadie me iba a querer si seguía comiendo así. Jamás me preguntó por mis hábitos, solo los asumió por mi peso. Antes de siquiera ver mis exámenes, me dijo que era probable que tuviera diabetes e hígado graso. Cuando al fin los revisó y vio que todo estaba bien, no se disculpó, solo agregó: "Bueno, esto va a durar poco si sigues así de gorda".

Reinterpretación de la ilustración original de @barry.deutsch.

En el año 2005, mi papá, un hombre gordo, comenzó a orinar con sangre. Fue al urólogo y le recomendó perder peso, asegurándole que la gordura era la causa de ello. Igualmente le indicó una ecografía. Cuando fue a hacérsela, recibió un segundo maltrato, pues le dijeron que por culpa de su grasa no podían ver nada. En 2006, el sangrado seguía y ahí le recomendaron una tomografía, pero dijeron que no había tomógrafo que lo soportara, por lo que le sugirieron ir al zoológico a hacérsela. El maltrato y abandono que sufrió mi papá por parte del sistema de salud fue horrible. Se hizo otros estudios y resultó que tenía cáncer de riñón, pero para entonces ya era demasiado tarde. En agosto de 2006 falleció.

Desde 2018 empecé a tener varios padecimientos: fatiga, mareos, problemas respiratorios, intestinales y estomacales. Cada médico que vi me recetaba medicamentos y la instrucción puntual de "baja de peso". Yo vivía obsesionado con adelgazar. A principios de 2019 comencé a perder peso de forma muy rápida y empecé a recibir felicitaciones de la gente, pero mis síntomas continuaban. Incluso un doctor me dijo que era normal que siguieran porque mi cuerpo se estaba "adaptando" a la pérdida de peso. Llegué al grado de atravesar una enfermedad de vías aéreas que me dificultaba respirar y moverme, con fiebres constantes de casi 40 grados. Fue hasta ese momento que a un médico se le ocurrió hacerme exámenes de laboratorio y resultó que tenía VIH en etapa de sida. Al llegar al hospital, la infectóloga me dijo que de haber pasado una semana más habría muerto. Mi sistema inmune estaba en condiciones deplorables por culpa del diagnóstico tardío.

Hoy fui a un doctor al que he frecuentado toda mi vida porque tengo dolor de garganta, y toda la cita se centró en mi peso. Mi apellido es Vaca, y me dijo que le estaba haciendo honor a mi nombre. Afirmó que lo más importante no era sanar mi garganta, sino arreglar mi peso urgentemente. También me preguntó si no había yo leído en internet que la gente gorda hoy se muere de covid. Cuando me acostó en la camilla, me dijo que seguramente comía muchas harinas y frituras. Al finalizar la cita agregó: "Solo te digo esto porque el día que te enfermes o te mueras va a ser por gorda, y no quiero que me culpes a mí ni a mi consultorio. Me quedo tranquilo porque ya te lo advertí".

Diversos estudios han demostrado que las personas gordas experimentan discriminación en el ámbito médico.[31] En uno de ellos, por ejemplo, se reveló que un 24% de las enfermeras incluidas experimentaba repulsión por los cuerpos de las personas gordas y que un 12% preferiría no tocarles.[32] Esta violencia médica no solo aleja a las personas de los sistemas de salud, sino que las enferma. Los estudios también han demostrado que el sesgo de peso en la consulta médica es una realidad: muchos médicos sostienen creencias, actitudes y prejuicios negativos hacia sus pacientes gordos, lo cual se traduce en un trato deficiente.[33]

- **La falta de equipos adecuados de detección y tratamiento.** Muchos centros de salud carecen de equipos médicos de detección y tratamiento de enfermedades que se ajusten a un tamaño de cuerpo grande. Esto va desde brazaletes para la toma de presión hasta tomógrafos y resonadores. La ausencia de estos equipos se traduce en diagnósticos errados o tardíos, además de la vergüenza que se suele transmitir al paciente al hacerle sentir que es su culpa por tener un cuerpo grande.

- **La ausencia de espacios seguros para el movimiento corporal.** Sabemos que el ejercicio y el movimiento corporal son prácticas que favorecen la salud física, emocional y social de las personas. Sin embargo, las personas gordas carecen de espacios seguros para mover su cuerpo, ya que los gimnasios y centros de ejercitación suelen ser espacios hostiles para ellas. La creencia de que un cuerpo que se ejercita debe verse de cierta manera ha provocado el alejamiento de las personas gordas de esos espacios. Por otra parte, las personas gordas a veces ni siquiera consiguen ropa de su tamaño para ejercitarse, además de que automáticamente se asume que si se están ejercitando es con el único propósito de perder peso.

Así es que, el hecho de que ciertas patologías se presenten con mayor frecuencia en cuerpos gordos no quiere decir que la gordura sea la causa, ni tampoco que la gordura sea una enfermedad. Cuando los profesionales de salud utilizan el peso como "el indicador de salud", generalmente terminan practicando una medicina basada en estereotipos, en vez de una medicina basada en evidencia.

La ~~obesidad~~ como enfermedad

Seguramente lo has escuchado en un montón de lugares: la ~~obesidad~~ es una enfermedad. Lo dicen los diarios, los noticieros, las redes sociales, los médicos y casi cualquier medio de comunicación. Pero supongo que no conoces la historia de cómo la ~~obesidad~~ se declaró una enfermedad,[34] y me gustaría contártela.

En 2013, durante la reunión anual de la Asociación Americana de Medicina (AMA) en Chicago, se realizó una votación entre los asistentes para decretar si la ~~obesidad~~ debía o no considerarse una enfermedad. Cabe destacar que, meses antes, la misma AMA había solicitado a su propio Comité de Ciencias y Salud Pública estudiar y evaluar la cuestión. El comité de expertos generó un reporte de cinco páginas donde concluía que la ~~obesidad~~ no debía nombrarse enfermedad. Esto por varias razones:

- Por una parte, argumentaban que la ~~obesidad~~ no cumplía con la definición de una enfermedad según criterios médicos, ya que no tenía síntomas y no siempre era dañina (de hecho, en algunos casos puede considerarse un factor protector, como en el caso de la osteoporosis en mujeres postmenopáusicas[35] o ante la aparición de comorbilidades en la vejez).[36]
- Por otra parte, una enfermedad implica por definición que el cuerpo tiene un mal funcionamiento, mientras que muchos expertos consideran que la ~~obesidad~~ es una adaptación normal del cuerpo a diversas circunstancias (por ejemplo, una hambruna). En ese caso, los cuerpos que tienden a la gordura no están enfermos; en

realidad son más eficientes que los cuerpos delgados. Es cierto que vivimos en una época en que la comida es más abundante para la mayoría de las personas, la vida es más sedentaria de lo que solía ser y no tenemos la misma necesidad de almacenar grasa. Pero eso simplemente significa que el entorno ha cambiado más rápido de lo que podemos adaptarnos.

- Además, el comité consideraba que patologizar esta condición podría hacer daño a las personas, creando un mayor estigma alrededor del peso, empujando a la gente a seguir tratamientos que hasta la fecha han demostrado ser inútiles.

Sin embargo, pese a las recomendaciones del comité de expertos, los miembros de la AMA votaron mayoritariamente a favor de declararla enfermedad. Detrás de esta decisión se sospecha que existen fuertes intereses monetarios: muchas empresas y farmacéuticas se benefician económicamente de que la ~~obesidad~~ se considere una enfermedad. La venta de medicamentos para perder peso generó ganancias de más de $1000 millones de dólares en 2022, y se estima que para 2028 sea más del doble.[37] He aquí un dato para que puedas dimensionar esta cantidad y ponerla en perspectiva: si tú ganaras $100 dólares al día y nunca gastaras nada, te tomaría 27 397.26 años juntar $1000 millones de dólares.

Curiosamente, mientras escribo este libro, la misma AMA emitió un comunicado[38] donde por primera vez reconoció que el Índice de Masa Corporal es una medida clínica imperfecta para evaluar la salud de forma individual. Esta misma asociación que hace 10 años decidió patologizar los cuerpos gordos, ahora admite que el propio índice bajo el que se define la ~~obesidad~~ podría ser obsoleto. También reconoce que es racista y discriminatorio, y es inútil para evaluar individuos, ya que fue creado con fines de estadísticas poblacionales. Reconoce además el daño histórico que ha causado al establecer parámetros basados exclusivamente en una población blanca no hispánica.

En la primera sección de este libro hablamos ya de la historia del IMC y sus orígenes. ¿De verdad la AMA cree que lo que ahora declara es revolucionario? Sé que a algunas personas este comunicado podría parecerles esperanzador o motivo de festejo; sin embargo, como lo afirma Ragen Chastain,[39] se requiere un análisis más concienzudo y profundo:

- Los activismos gordos, los movimientos para la liberación corporal y las personas alineadas a un enfoque de salud no centrado en el peso ya llevan años hablando de lo opresivo y obsoleto que es este índice, además de su carácter racista y sexista. Creo que mínimamente, la AMA les debe a estas personas el reconocimiento que merecen, en vez de presentarse como una asociación que descubre algo "revolucionario". La atribución es importante.
- Sería gran motivo de festejo si la AMA hubiera reconocido que el IMC es obsoleto, admitiendo a la vez que los cuerpos no pueden ser patologizados por su tamaño o composición corporal. Sin embargo, ese no fue el caso. En el comunicado, la AMA sugiere alejarnos del IMC, pero propone otros métodos para seguir patologizando los cuerpos; entre ellos: composición corporal, grasa visceral o circunferencia de cintura.

- La utilización de estas otras herramientas que la AMA propone no libera del estigma a las personas gordas (que seguramente seguirán cayendo en la categoría de "cuerpos enfermos" con estos lineamientos). Lo que sí se logra es ampliar la posibilidad de "clientes" para la industria de las dietas y las farmacéuticas. Es decir, con estos parámetros de evaluación que se proponen es posible que personas consideradas flacas o de ~~peso normal~~ bajo la categoría de IMC, ahora sean diagnosticadas como enfermas y pasen a ser usuarias potenciales de dietas y medicamentos para perder peso.

Ahora, aunque existan asociaciones o colectivos médicos internacionales que consideren a la ~~obesidad~~ una enfermedad, eso no lo vuelve una verdad incuestionable y absoluta. Recordemos que la ciencia está hecha por personas con sesgos, y las narrativas y concepciones pueden evolucionar con el tiempo. Como ejemplo basta recordar que, hasta 1990, la misma OMS clasificaba la homosexualidad como una enfermedad.[40]

Patologizar la gordura y los cuerpos en general ha hecho mucho daño. Sé que es difícil deconstruir la idea de que un cuerpo gordo está automáticamente enfermo dado que eso se nos han dicho por muchísimos años. A mí también me costó trabajo y tiempo deconstruir esta idea. Aunque hoy no puedo concebir que de forma automática se considere enferma a una persona cuyo IMC rebasa el número 30, siendo que este punto de corte, como ya vimos previamente, se estableció de forma arbitraria.

La salud no tiene una apariencia

La realidad es que no puedes saber absolutamente nada sobre la salud de una persona con solo mirar su tamaño de cuerpo. La salud no tiene una apariencia en cuanto a volumen corporal se refiere, pero nos cuesta trabajo entenderlo. Y es que los medios de comunicación nos venden constantemente la idea de que la salud se ve de cierta forma.

Te invito en este momento a realizar una pausa en tu lectura para hacer una búsqueda en Google: "mujer sana". ¿Qué imágenes te aparecen? ¿Qué observas? ¿Qué características físicas tienen esas mujeres?

La cultura en la que vivimos nos ha llevado a creer que la salud solo se mira de una forma: un cuerpo blanco, joven, delgado, sin discapacidades, con músculos definidos y generalmente comiendo ensaladas o haciendo ejercicio. Esto es una rotunda mentira: esto no es necesariamente salud, y personas con apariencias distintas pueden también estar saludables.

La salud es un constructo complejo que abarca áreas diversas que incluyen la metabólica, pero también la mental, la social y la emocional. Además, la salud no es algo estático, sino que es algo dinámico que tiene matices. A lo largo de nuestra vida pasamos por distintos estados de salud, con momentos de enfermedad y momentos de mayor salud. Nadie está nunca cien por ciento saludable, y la salud no es un destino final.

Sin embargo, vivimos en un mundo inundado de salutismo, que es ese sistema de creencias que ve a la salud como una propiedad y responsabilidad del individuo, que valora y premia a las personas en la medida en que se acercan a lo que la sociedad considera saludable. En este sistema también son ignorados los determinantes sociales de salud, tales como pobreza, discriminación, desigualdad, el trauma y la opresión, y se suele culpar al individuo cuando enferma. Y no solo se le culpa, sino que se le avergüenza, ya que la cultura salutista, coludida con el mundo del *wellness*, nos ha llevado a creer que ser saludables (o al menos demostrar que lo somos) nos otorga cierta superioridad moral.

No le debes salud a nadie

La salud no es un imperativo moral. Si bien una persona gorda no es automáticamente una persona enferma, existen personas gordas enfermas y estas deberían ser tratadas con respeto y recibir un trato digno. También deberían tener acceso a los servicios de salud de manera respetuosa, compasiva y profesional.

Vivimos en un mundo en el que la salud parece haberse convertido en un mandato social y un tema de clase y privilegio al que, con grandes tintes de elitismo, se le ha cargado de superioridad moral. Porque lo de hoy no es estar saludable, sino demostrar constantemente que lo somos, pues eso pareciera otorgarnos validación, halagos, alabanzas y superioridad.

Y claro que para ser saludable bajo el concepto que dicta la cultura del *wellness* es necesario pertenecer a una clase social privilegiada que permita beber costosos jugos prensados, comer moras exóticas, tener tiempo, dinero y costosa ropa para hacer yoga en espacios paradisíacos y comprar caros suplementos que supuestamente garantizarán nuestra salud y juventud eternas.

Y es que la cultura del *wellness* se cimienta y fortalece bajo dos emociones tremendamente incómodas que venden: la vergüenza y el miedo. No encajar en el prototipo de apariencia saludable ni poder acceder a los costosos alimentos, tratamientos e intervenciones, que nos transmiten como requisitos. Se siembra un profundo terror por enfermar o, incluso, morir si no compras tal o cual suplemento, si no consumes suficiente cierto alimento de moda (al que incluso se le llega a dar el absurdo nombre de "superalimento") o si no cumples con ciertos rituales.

Es así como se establece la creencia de que es posible controlar la salud si tan solo se siguen unas cuantas "sencillas" indicaciones. Cuando lo cierto es que la salud está determinada, en mucho mayor medida, por factores fuera de nuestro control vinculados directamente con el estatus social y temas de privilegio, tales como el acceso a servicios médicos, a trabajos bien remunerados, a tiempo libre, a alimentos variados, a espacios para el ocio y a estructuras sociales de soporte.

Es a causa de estas creencias que algunas personas desde el privilegio repiten sin cuestionamiento alguno que "tenemos que estar saludables", como si eso fuera un acto de voluntad y de responsabilidad individual, asumiendo que todas las personas del mundo tienen acceso a las mismas oportunidades y condiciones de vida, como si la desigualdad y la pobreza no existieran, y como si para ser saludables solo nos bastara desear serlo y echarle ganas. La salud se ha vuelto un asunto moral.

El mito de la alimentación

Comer, y además comer lo suficiente, es una de nuestras necesidades básicas de supervivencia. Todos los seres vivos requerimos de alimento diariamente y de forma continua. El alimento es fuente de energía, es lo que nos mantiene vivos y lo que permite a nuestro cuerpo obtener los insumos necesarios para un adecuado funcionamiento. Pero la comida no es solo eso, la comida es también fuente de placer, de satisfacción, de conexión y de convivencia. Es además vínculo con nuestra identidad y nuestras tradiciones, es disfrute y también es emoción.

La cultura de dietas nos ha vendido un sinnúmero de mitos y mentiras con respecto a la alimentación, y una de las más poderosas es la que decreta que hay una forma correcta de alimentarnos, y que tenemos que "aprender a comer". Pero ¿en qué momento nos creímos la historia de que no sabíamos comer?

Comer es un acto primitivo y natural. Desde el momento en que un recién nacido llega al mundo, sabe reconocer que tiene hambre y además sabe cómo comer. No es necesario enseñarle ni imponer reglas externas, horarios o patrones: él llorará cuando tenga hambre y dejará de hacerlo cuando se le alimente y llegue a la saciedad.

Esta sabiduría innata es la que permitió a la humanidad sobrevivir durante milenios antes de que existiera la cultura de dietas. Nuestros antepasados no sabían de calorías, proteínas ni grasas; no tenían tablas nutricionales ni básculas para pesar y medir lo que comían; no registraban minuciosamente en apps cada bocado que ingerían; nuestros antepasados simplemente comían. Por supuesto que en el pasado llegaron a existir problemas nutricionales, pero estos se debían básicamente a la escasez de alimentos o a la baja disponibilidad de algunos de ellos. Es inusual que un individuo que tiene acceso suficiente a alimentos variados llegue a presentar alguna deficiencia nutricional.

Sin embargo, hoy en día, la cultura de dietas nos ha llenado de miedo. Nos ha llevado a creer que somos una especie de máquinas o robots que necesitan calcular con minuciosidad cada bocado que nos llevamos a la boca y que nuestra alimentación debe ser algo controlado y rígido. Nos ha hecho creer también que lo único importante de un alimento es su contenido nutricional y cada oportunidad que tengamos de alimentación en la vida deberá tener un valor nutricional excelso.

La idea de que hay una forma correcta de comer no solo es absurda, sino que hace daño. Durante siglos, en territorios y tiempos diversos, los seres humanos se han alimentado de formas muy variadas y distintas. Si observamos con detenimiento los patrones alimentarios de las diferentes culturas a lo largo de la historia, una cosa queda clara: el ser humano fue diseñado para comer de forma flexible.

La idea de que hay una forma correcta de comer nos ha desconectado de nuestra intuición y nos ha llevado a desconfiar de nuestro cuerpo al hacernos creer que no podemos tomar decisiones asertivas de alimentación. Y además nos ha sumergido en una eterna confusión porque, ¿cuál es esa forma "correcta" de comer? Eso dependerá del gurú en turno que estemos consultando, pues mientras unos dirían que eliminemos los lácteos, otros asegurarán que la clave es evitar el gluten; mientras unos dirían que comas cinco veces al día, otros te incitarán a hacer ayunos y comer solo una vez al día; mientras unos te indicarían que debes comer solo alimentos naturales y sin procesar, otros te venderán licuados, barritas y suplementos; mientras unos dirían que deberías comer de acuerdo con tu tipo de sangre, otros te venderán costosas pruebas para descifrar qué es lo que a ti te corresponde comer.

Todos nacimos siendo comedores intuitivos, es decir, con la capacidad de autorregularnos y comer aquello que nuestro cuerpo requiere. Conforme un niño pequeño va creciendo, va descubriendo, con ayuda de sus padres, diferentes alimentos, texturas y sabores. Los va incorporando a su alimentación y lo único que necesita es que se le presenten: él seguirá regulando por sí solo las cantidades que necesita e irá mostrando sus gustos y preferencias. Los padres serán entonces responsables de ofrecer una variedad de alimentos cada día y el niño decidirá qué y cuánto come de lo que se le ofrece.

En el caso de la alimentación infantil, el modelo que desarrolló Ellyn Satter es reconocido mundialmente como el estándar de oro en el tema. Satter es una reconocida nutrióloga y psicoterapeuta con especialidad en temas de alimentación infantil. Creó el modelo de división de responsabilidades, mismo que está orientado a que los niños se conviertan en comedores competentes. Este modelo divide la responsabilidad de la alimentación infantil en cinco rubros: los padres o cuidadores son responsables de qué, cuándo y dónde se come. Es decir, son ellos los encargados de preparar y ofrecer alimentos variados y suficientes, y de establecer horarios, estructura y determinar el espacio donde se come. Por su parte, los pequeños son responsables de cuánto comen y de si lo comen o no. Es decir, los padres no deberían forzar al niño a comer más ni a ingerir alimentos que este elija no comer. El modelo se basa en la confianza en los pequeños y en el respeto a sus gustos, preferencias y apetito. Es necesario aclarar que este modelo se dicta desde lugares de privilegio, y lamentablemente no todas las personas pueden implementarlo. Luchar por la justicia y la equidad alimentaria debe ser la prioridad.

Cuando hablo del modelo de Satter siempre añado: la idea es tratar a tus hijos de la misma forma que tratas a un invitado que viene a comer a tu casa. Es decir, cuando invitas a alguien, tú decides qué (eliges el menú, pero piensas en los gustos y preferencias del invitado), cuándo (le dices a qué hora llegar para comer) y dónde (tú decides en qué espacio se sentarán a comer). Por su parte, el invitado decide si come o no aquello que le preparaste, y también cuánto come. Jamás nos pasaría por la cabeza obligar a un invitado a comer más allá de lo que desea, ni tampoco le diríamos que no puede comer postre si no se comió antes las verduras. Si el invitado nos pide repetir algún plato, jamás le diríamos que no porque ya comió demasiado. En otras palabras, respetamos las decisiones y elecciones alimentarias del invitado, lo mismo deberíamos hacer con las de nuestros hijos.

Sé que el tema de la alimentación infantil es complejo, y este libro no pretende ser en absoluto un abordaje del mismo. Esta pequeña mención solo intenta concientizar acerca de la formas en que podríamos contribuir a que las infancias tengan una sana relación con la comida.

El nutricionismo

El *nutricionismo* es definido por Michael Pollan como la creencia de que debemos comprender y relacionarnos con los alimentos y nuestros cuerpos en términos de sus componentes y requisitos nutricionales y químicos, suponiendo que esto es todo lo que necesitamos entender.[41] Es decir, nos hace creer que lo único que debe importarnos al comer es el contenido nutricional del alimento. Pareciera ser entonces que el objetivo único de la alimentación es garantizar nuestra salud física, y que cada bocado que ingerimos tiene la capacidad de enfermarnos o curarnos. El nutricionismo entonces fomenta nuestra obsesión con la comida.

El nutricionismo favorece un pensamiento dicotómico alrededor de los alimentos, catalogándolos como "buenos o malos". De esta manera, ciertos alimentos se satanizan mientras que a otros se les otorgan superpoderes. El nutricionismo perpetúa conceptos de malo/bueno o todo/nada.

El nutricionismo anula el disfrute de la comida y pretende ignorar las tradiciones culinarias, las preferencias alimentarias y el acceso a los alimentos. Siembra culpa y miedo en las personas que no pueden adherirse a lo que la cultura considera "una alimentación saludable".

El mundo está plagado de nutricionismo. Es difícil pasar un día sin escuchar algún mensaje sobre "lo saludable o lo poco saludable" que es un alimento. El nutricionismo ha generado en nosotros un pensamiento dualista sobre la comida que no entiende de grises, solo hay blancos y negros.

Es cierto que existen alimentos con un menor contenido nutricional que otros, pero eso no los vuelve "malos" o "no saludables". No todos los alimentos que ingerimos deberían tener un valor nutricional excelso, y la función de un alimento va mucho más allá de solo aportarnos nutrimentos. El alimento nos da también placer, conexión e identidad, entre otras cosas. Además, la elección de un alimento depende en gran medida del nivel de acceso que tenga el individuo. Asumir que todas las personas pueden elegir aquellos alimentos considerados "saludables" y "nutritivos" es clasista. Solo satanaza un alimento quien habla desde el privilegio.

No, no eres lo que comes

El salutismo está íntimamente ligado a la cultura de dietas, de tal forma que una de las mayores creencias con respecto a la salud es que si comemos de cierta manera, nuestra salud y longevidad estarán garantizadas. La frase cliché de "eres lo que comes" es tremendamente popular, pero también tremendamente simplista.

No voy a negar que la alimentación tiene un impacto en la salud, por supuesto que sí, sin embargo, este es menor de lo que nos han hecho creer. Nuestra salud está determinada por infinidad de factores, la mayoría fuera de nuestro control. Un esquema que nos ayuda a comprender este concepto es el desarrollado por Goinvo[42] con base en datos recopilados de diferentes organizaciones (incluyendo a la OMS y el *New England Journal of Medicine*). En este esquema, que puedes consultar en línea, se muestra que solo 36% de nuestra salud podría estar determinada por lo que se denomina conductas de salud. Estas conductas incluyen cuestiones tales como patrones de sueño, consumo de drogas, manejo del estrés, actividad física y alimentación, entre otros. Si lo analizas, te darás cuenta de que la alimentación es solo una pequeña parte de este 36%, de las conductas de salud que en situaciones de privilegio podrían llegar a considerarse una elección. Y con esto último me refiero a que no para todas las personas es una elección hacer ejercicio, comer frutas y verduras, o dormir ocho horas diarias. En un mundo donde prevalece la injusticia y la pobreza, donde millones de personas tienen jornadas laborales extensas con salarios mínimos, donde el acceso a alimentos de alto valor nutricional y al tiempo y espacios seguros para el deporte recreativo son escasos, solo una persona que vive en el privilegio puede decir que estas conductas son una elección.

La realidad es que lo que más impacto tiene en nuestra salud son factores que se encuentran fuera de nuestro control y decisión personal, y que Goinvo clasifica en cuatro áreas (en conjunto contribuyen a 64% de los determinantes de salud en este esquema):

1. **Circunstancias sociales (24%).** Aquí entran entre otros el nivel de alfabetismo, discriminación, identidad de género, raza, etnia, nivel de ingresos, conexiones sociales, soporte comunitario y familiar, orientación sexual, condiciones laborales, desarrollo y educación en la infancia temprana.
2. **Genética y biología (22%).** Este apartado se divide en tres rubros: función corporal, estructura corporal (aquí entra el peso, considerado un factor genético y biológico) y genética.
3. **Cuidado médico (11%).** Aquí se incluyen el acceso a cuidados de la salud, la calidad del cuidado médico y el involucramiento con el paciente, entre otros.
4. **Ambiente físico (7%).** Se incluyen, entre otros temas, contaminación, calidad del agua, exposición a cancerígenos, exposición al humo de tabaco, acceso a comida, condiciones de hacinamiento, espacios públicos de calidad, acceso a actividades recreativas y calidad de la vivienda.

La salud es un constructo complejo y dinámico que se ve impactado por infinidad de factores. Reducir nuestra salud a lo que comemos y al ejercicio que hacemos no solo es simplista, sino que genera en nosotros estrés y culpa, favoreciendo una mala relación con la comida y con el movimiento.

Y es que no, no somos lo que comemos, somos muchísimo más que eso: somos nuestras relaciones, nuestras emociones, nuestras circunstancias sociales, laborales y afectivas, nuestras conexiones sociales, nuestras oportunidades y mucho más. La creencia de que controlando nuestra alimentación tendremos control de nuestra vida y salud no solo es una falacia, sino que también es una premisa que puede hacernos daño. Esta creencia puede llevar a vincularnos con los alimentos desde un lugar de culpa, de vergüenza y de obsesión.

El mito de la adicción a la comida

Existe toda una corriente que ha sugerido que la comida es adictiva. Este modelo afirma que el consumo excesivo de alimentos que saben muy rico se explica bajo el mismo marco neurobiológico de la adicción a las drogas. Quienes argumentan que la comida es adictiva suelen depositar la responsabilidad de esta adicción primordialmente en el azúcar. Muy pocos estudios han examinado específicamente la adicción al azúcar en humanos, y la mayor parte de la evidencia que sustenta esta teoría proviene de investigaciones realizadas en roedores. Quienes argumentan que el azúcar es adictiva lo hacen bajo tres premisas:

1. Los estudios que se han realizado en roedores han demostrado que estos presentan comportamientos que parecen adictivos hacia el azúcar. Sin embargo, las ratas presentan estas conductas exclusivamente cuando tienen acceso intermitente al azúcar; es decir, cuando esta no se les ofrece de forma ilimitada. Cuando el acceso al azúcar es libre, los animales no presentan este comportamiento.[43] Lo que nos lleva a pensar que restricción conduce a la obsesión por el alimento.
2. Argumentan también que el azúcar enciende los mismos centros de recompensa cerebrales que las drogas y por eso esta sustancia es adictiva. Esto es cierto, el azúcar enciende los centros cerebrales del placer, lo mismo que la música, las mascotas o los abrazos. Que algo encienda estos centros no quiere decir que sea adictivo, simplemente quiere decir que aporta placer. Las drogas comparten las mismas vías neuronales que el azúcar porque las drogas secuestran estas vías. Eso no vuelve al azúcar adictiva.
3. Los estudios de adicción a la comida en humanos se basan en la Escala de Adicción a la Comida de la Universidad de Yale.[44] Esta escala consta de preguntas en las que se cuestiona a los individuos si han sentido que pierden el control al comer o no pueden parar de comer ciertos alimentos. Sin embargo, la escala no toma en cuenta el historial de dietas y restricciones de las personas. Es decir, esta falta de control podría simplemente ser resultado de la restricción, de la prohibición de ciertos alimentos y de la cultura de dietas. Sabemos que la restricción conduce a la obsesión por el alimento y, por lo tanto, al atracón o a ese comer descontrolado.

En resumen, no existe evidencia confiable que sustente que la comida es adictiva. Esta teoría no ha sido probada. Una revisión de la literatura que habla de la adicción a la comida publicada en el *European Journal of Nutrition* en 2016 concluyó lo siguiente: "Encontramos poca evidencia para respaldar la adicción al azúcar en humanos, y los hallazgos de la literatura animal sugieren que los comportamientos similares a la adicción, como los atracones, ocurren solo en el contexto del acceso intermitente al azúcar. Es probable que estos comportamientos surjan del acceso intermitente a alimentos dulces o muy sabrosos, no de los efectos neuroquímicos del azúcar".[45]

El mito de los kilos emocionales

Otro de los grandes cuentos que nos contaron es aquel relacionado con los kilos emocionales. Dado que las dietas no funcionan en el largo plazo, y dado que la enorme mayoría de la población no logra perder y mantener el peso que les dijeron que debían perder, también en el campo de la psicología se crearon mitos, chismes de pasillo y rumores que llegaron a volverse creencias tremendamente populares.

Decir que las personas no pueden bajar de peso porque sus kilos son emocionales es una narrativa burda y simplista generada desde corrientes poco confiables de la psicología. Frases tan violentas y clichés del tipo "tus kilos te están protegiendo de algo" o "dentro de toda mujer gorda hay una delgada intentando salir" forman parte de esta narrativa violenta y mentirosa que intenta vender "tratamientos emocionales" para perder peso. Si bien es cierto que existen personas que, a raíz de pasar por situaciones emocionales complicadas, presentan cambios importantes en su peso (lo cual puede verse reflejado tanto en un aumento como en una pérdida), no quiere decir que todas las personas gordas que no han podido adelgazar tienen que trabajar sus emociones. Esto, además de ser una mentira, continúa siendo una narrativa gordofóbica por asumir que la persona sí o sí debe perder peso.

Usemos nuestro sentido común: ni todas las personas delgadas tienen bien trabajadas sus emociones o viven libres de problemas emocionales, ni todas las personas gordas tienen serios asuntos emocionales. A todas las personas nos puede venir bien hacer un trabajo emocional y acudir a terapia, pero eso no quiere decir que por hacerlo vayamos a adelgazar. Hay muchas personas gordas que han hecho largos y arduos trabajos emocionales y aun así permanecen gordas; de la misma forma que hay infinidad de personas flacas con asuntos emocionales serios y aun así permanecen flacas. No puedes saber absolutamente nada de la salud emocional de una persona con solo mirar su cuerpo. Todo lo que te imagines es solo fruto de tus prejuicios.

Asimismo, la narrativa de que los "kilos extras" de una persona son emocionales ha hecho mucho daño. Recuerdo claramente a uno de mis pacientes, un hombre en sus treinta que durante las consultas me platicó que esta había sido la narrativa que más lo había lastimado en la cultura de dietas. Él había hecho todas las dietas sin lograr mantener el peso perdido a largo plazo y se tragó el cuento de que sus kilos tenían que ser emocionales. A raíz de esto acudió a diversas terapias, pero su cuerpo continuaba siendo gordo. Esto lo llevó a situaciones de mucha angustia, al pensar que realmente había algo emocional en su persona que no lograba detectar y le impedía adelgazar. Se sumió en un estado de mucha frustración pensándose incapaz de sanar sus emociones porque no adelgazaba. Cuando este paciente trabajó bajo un enfoque no centrado en el peso pudo descubrir que su peso jamás había sido un problema, simplemente le hicieron creer que lo era.

La idea de los kilos emocionales ha permitido también que florezca un inescrupuloso negocio de *coaches* y gurús de la psicología que ofrecen técnicas charlatanas con las que prometen adelgazar a las personas para siempre. En redes sociales pululan estos pseudoprofesionales ofreciendo sesiones de hipnosis, *tapping* y demás barbaridades, incluyendo algo llamado banda gástrica virtual.

Y repito, no estoy diciendo que bajo situaciones emocionales complejas el peso de una persona no pueda cambiar; pero de ahí a decir que todas las personas gordas deberían hacer un trabajo emocional para adelgazar, o que todas las que hagan un trabajo emocional van a terminar efectivamente adelgazando, hay un gran trecho.

El argumento de "hay que sanar las emociones para adelgazar" es solo una forma más de encubrir que las dietas no funcionan. Y la respuesta al fracaso inherente es responsabilizar nuevamente a la persona por la ausencia de ese "éxito". ¿No sería momento ya de dejar de buscar justificaciones absurdas a por qué las dietas no funcionan y asumir que son un producto que no logra su cometido? ¿No sería momento de dejar de responsabilizar al individuo del fracaso de un método fallido? ¿No nos damos cuenta del daño que hacemos cuando le decimos a una persona que, si no está bajando de peso, es porque no ha trabajado sus emociones?

El mito del amor propio

¿Qué es el amor propio? ¿Cómo se mide? ¿Es algo que se tiene o no se tiene? ¿Algo que se mide en términos absolutos? ¿Algo que puedes determinar con base en la apariencia de una persona? ¿Algo sobre lo que puedes hacer juicios? ¿Algo sobre lo que tienes derecho a opinar cuando hablas de alguien?

Decirle a alguien que no se quiere, que no tiene amor propio, es de las narrativas más violentas que hay, y esta fue adoptada por la cultura de dietas y la gordofobia para avergonzar y oprimir aún más a las personas que no se adaptan al modelo de cuerpo hegemónico. Decirle a alguien que, si no está delgada, es por falta de amor propio es tremendamente soso y carente de sentido, pero ante todo es ofensivo. Es uno de esos clichés que muchas personas (incluidos profesionales de la salud) repiten como merolicos, sin siquiera tomarse unos minutos para reflexionar lo burdo y ridículo de un comentario que solo sigue fomentando la validación de un único tipo de cuerpo como el adecuado.

Cruzar el puente

En la primera parte de este libro te platiqué sobre mi despertar. Te conté sobre mi proceso y sobre la forma en que poco a poco comencé a abrir los ojos y a darme cuenta de que las cosas no eran como me las habían contado. Te compartí lo difícil que fue concebir que había trabajado bajo un paradigma fallido que hacía daño y constatar que había pasado 20 años de mi vida siendo cómplice de la cultura de dietas. Te conté de mi duelo y del camino que tuve que transitar para llegar a convertirme en la nutrióloga y activista que hoy soy. Te compartí también lo liberador que terminó siendo salir de ahí y lo gratificante que ha sido ejercer mi profesión desde un lugar tan distinto.

Es probable que, leyendo este libro, tú estés iniciando también tu propio despertar. Quizás sientas que se te están empezando a caer vendas de los ojos que no sabías que llevabas puestas. Tal vez te esté costando leer el libro y te niegues a aceptar muchos de los conceptos que aquí se presentan. Pero al mismo tiempo es probable que muchas cosas te hagan sentido y te sientas ampliamente identificada. También es probable que estés empezando a sentir una especie de liberación al escuchar que el fracaso de las dietas nunca fue tu culpa.

Empezar a transitar el camino de la liberación corporal y alimentaria no es fácil. Es un sendero arduo que no es lineal, y que además es distinto para cada persona. Es un proceso que requiere tiempo y paciencia, pues implica mucho desaprendizaje y también mucho valor. Implica nadar contracorriente a diario y sortear infinidad de obstáculos.

Cuando explico este proceso en los talleres que imparto me gusta recurrir a la metáfora de la isla. Piensa que naciste en una isla alejada de cualquier otro lugar. Una isla incomunicada donde lo que ahí ves y escuchas es lo único que existe. Para ti, el mundo es solamente lo que ahí conoces, percibes y aprendes. En ese lugar existe una sola narrativa con respecto a los cuerpos, la belleza, el peso y la salud. Todos los habitantes de tu isla están completamente convencidos de que la belleza y la salud tienen una única apariencia: la de un cuerpo delgado. Al igual que tú, creen que todas las personas pueden ser delgadas si se lo proponen, y que quienes no lo son están haciendo algo mal. En este lugar también se les enseña a las mujeres a mirar sus cuerpos con desprecio. Desde pequeñas se les muestran modelos de belleza inalcanzables para que aspiren a convertirse en ellas. Se les bombardea con estas imágenes en caricaturas, cuentos, películas y series de televisión, de tal forma que interiorizan el mensaje de que su apariencia define su valor y para ser valoradas y tomadas en cuenta su apariencia debe cumplir con características muy específicas.

Tú, al igual que esas mujeres, creciste jugando con Barbies con una silueta esbelta y viendo películas y series donde la protagonista, esa que vive feliz para siempre y conquista al hombre perfecto, es delgada. También fuiste espectadora del certamen femenino con mayor audiencia a nivel mundial: Miss Universo.

Absorbiste narrativas muy claras: el valor de una mujer se define por su apariencia, las mujeres debemos competir unas con otras para ver quién es la más bella, y esta belleza siempre, sí o sí, corresponde a un cuerpo alto y delgado. Volviste verdades incuestionables estas creencias, de tal manera que comenzaste a despreciar tu cuerpo desde edades muy tempranas e iniciaste el proyecto de modificarlo para acceder a todo lo que aquel "cuerpo perfecto" te prometía.

Han pasado los años y ese "cuerpo perfecto" no llega. Has hecho innumerables esfuerzos y sacrificios para acceder a él. Ha habido momentos en que has sentido que te acercas más y te ha llenado de esperanza. Pero en otras ocasiones te has sentido decepcionada al ver que tu cuerpo no termina de tener la forma que supuestamente debe tener. El proyecto de modificar tu cuerpo te ha requerido una fuerte inversión de tiempo, dinero, energía y esfuerzos. Y pese a todo esto, nunca ha sido suficiente. Siempre termina apareciendo un nuevo "defecto" o algo más que arreglar. En este proceso es posible que te hayas sometido a largos periodos de dietas y restricciones. La delgadez tan añorada parece acercarse por momentos, pero tarde o temprano termina escapándose de tus manos nuevamente. Y es entonces cuando más te culpas, cuando más fracasada e inútil te sientes. En esos momentos, la frustración y la ansiedad te invaden.

Si tienes en tus manos este libro, quizás estés empezando a descubrir que más allá de tu burbuja existe otro mundo, otra isla donde las mujeres viven de forma distinta y con otras narrativas. Un espacio donde ellas no odian sus cuerpos ni viven intentando modificarlos, donde no hacen dietas ni se someten a cirugías ni a costosos tratamientos para modificar su apariencia. Un lugar habitado por mujeres que aceptan sus cuerpos y viven en paz con ellos.

Para algunas personas, escuchar por vez primera de esta otra isla puede provocar una especie de shock. Nos parece descabellado que una mujer pueda vivir su vida en el cuerpo que tiene, sin odiarlo ni tratar de cambiarlo. Para otras, escucharlo puede provocar de inmediato una sensación de liberación y esperanza. Sea cual sea tu reacción, está bien. Reconocer la emoción y observarla con curiosidad nos ayuda a entenderla, sentirla y validarla.

Con el tiempo suele pasar que la isla comienza a hacerse visible, de tal forma que un día te es posible divisarla a lo lejos. Puedes observarla como un punto en el horizonte, pero te sigue pareciendo inalcanzable. Empiezas a fantasear con mudarte a ese otro lugar, pero te mueres de miedo. Dejar tu isla de origen te parece aterrador. Además, no tienes ni la menor idea de cómo llegar ahí. ¿Debes lanzarte al mar y nadar? ¿Y si resulta que hay tiburones en el trayecto? ¿Será posible llegar por barco? ¿O por avión?

Llega el momento en que puedes intuir que hay un puente que cruza de tu isla de origen hacia esa otra. Te es imposible ver la longitud del puente ni sus características. Sin embargo, sabes que ahí está y, si quieres, puedes comenzar el cruce. Dar el primer paso en el puente te puede provocar pavor y su estructura puede parecerte tambaleante e inestable. Dejar la seguridad de tu isla de origen te puede generar ansiedad, pero hay algo que te dice que debes intentarlo.

Al dar tus primeros pasos en el puente te percatas de que este no es uniforme. Hay días en que tus pasos pueden sentirse muy firmes y seguros, y otros en que los percibes frágiles y riesgosos. En el camino te puedes encontrar con momentos en los que sientes el peligro acechando, pero poco a poco vas aprendiendo a sortearlos. Empiezas a darte cuenta de que ese puente es solo tuyo, exclusivo para ti. Nadie más transita por él, ya que tu camino es único e irrepetible. Comienzas a ver que a tu lado caminan otras mujeres que andan sobre sus propios puentes. Cada una de ellas va por un puente distinto: unos son más largos y otros más cortos, unos más firmes y otros más inestables. A pesar de que cada mujer cruza su propio puente, te das cuenta de que entre todas se acompañan. Te es posible tender tu mano para encontrar cobijo y acompañamiento en la mano de otra que anda a su propio paso.

Conforme cruzas tu puente empiezas a experimentar días en que avanzas demasiado y otros en los que te sientes estancada e incluso dando pasos hacia atrás. Hay momentos en que recibes mensajes de las personas que todavía habitan tu isla de origen. Te gritan que regreses, que tu camino no tiene sentido, que no puede llevarte a ningún buen lugar. En esos días dudas mucho y llegas a plantearte la posibilidad de regresar. Sin embargo, hay algo que te hace seguir, de forma que cada día te alejas más de tu punto de partida. Y conforme más lo haces, menos tentada te sientes a emprender el regreso.

Y así, al cabo del tiempo y a base de mucho trabajo personal, cada mujer, en cada puente, avanza hacia la isla de la liberación: esa isla donde habitan otras mujeres que en comunidad y sororidad se acompañan y saben que ya no hay vuelta atrás. La mayoría de las mujeres, al llegar a tierra firme, están listas para dinamitar su puente, pues saben que aunque existan días en que aún se sientan tentadas a volver, para ellas ya es imposible regresar.

Independientemente del lugar en que te encuentres en este momento, debes saber que el cruce es posible. Tómate tu tiempo y ve a tu propio ritmo. La isla siempre te estará esperando.

¿Y cómo demonios cruzo el puente?

En algún punto tal vez te sientas paralizada sin entender cómo dar el primer paso. Es posible que sientas que hacerlo es el equivalente a lanzarte al precipicio sin paracaídas. Quiero decirte que todo esto es normal y es parte de un proceso que debes vivir, un proceso que no es fácil, pero es la única vía para llegar a esa otra isla, el lugar donde reclamarás tu derecho a vivir la vida que mereces.

El duelo

Cruzar el puente implica vivir un duelo, un duelo en que es necesario hacer renuncias y soltar muchas ataduras. Se hace un duelo al renunciar a ese cuerpo delgado en el que se depositaron tantas expectativas. También se hace un duelo por todo el tiempo, dinero, energía y esfuerzo invertidos en un proyecto sin sentido que no solo no ayudó, sino hizo daño. Un duelo por haber creído tantas mentiras. Un duelo por renunciar a los elogios y aplausos de una sociedad que nos admira por perder peso.

Como todo duelo, este tiene sus etapas, mismas que no son lineales. Estas etapas, descritas en 1969 por Elisabeth Kübler-Ross,[46] son las siguientes:

- Negación
- Enojo
- Negociación
- Depresión
- Aceptación

Negación

Probablemente, la primera vez que escuchaste que las dietas no funcionan y no existe una forma sostenible de perder peso tu reacción fue de rechazo y negación. Tal vez pensaste que todo esto era descabellado, que quien lo decía debía estar en un error, y te negaste a seguir escuchando. He recibido mensajes de personas que me cuentan cómo, la primera vez que me leyeron en redes sociales, pensaron que estaba desquiciada. Incluso algunas tuvieron que dejar de seguirme porque no podían (ni querían) continuar escuchando lo que yo decía. Si en algún momento durante la lectura de este libro te has sentido así, debes saber que es normal. Si sientes que esto está siendo demasiado confrontativo o doloroso, para un poco y tómate tu tiempo. Esto no es una carrera ni hay prisa por llegar. Respeta tu proceso, y si ahora no estás lista para seguir por aquí, está bien.

La negación implica no querer creer que hemos vivido en el engaño. Nos negamos a concebir que hemos desperdiciado años de vida y una enorme cantidad de recursos en algo que no tenía sentido. No queremos renunciar a la idea de que nuestro cuerpo pueda cambiar de la forma que deseamos porque nos duele profundamente aceptarlo.

Enojo

Empezar a entender que hemos vivido bajo engaños puede generar mucho enfado. Podemos sentirnos furiosas al empezar a descubrir que hemos vivido bajo restricciones y sacrificios innecesarios, al saber que se nos condicionó a rechazar nuestros cuerpos y a vivir en guerra con ellos, al constatar que se nos orilló una y otra vez a hacer dietas obsoletas y dañinas. Es normal que durante el duelo experimentes frustración, ansiedad y rabia. Es posible que tu enojo vaya dirigido en parte a ti misma por haberte creído tantas mentiras, o tal vez te enojes conmigo o con quienes promovemos estos mensajes, pues de cierta manera te resistes a creer que esto pueda ser verdad. Sin embargo, en tu proceso, poco a poco podrás dirigir esa furia hacia el sistema y hacia todas las estructuras que te llevaron a rechazar tu cuerpo y a pasar la vida intentando modificarlo. Ojalá pudieras canalizar tu enfado hacia afuera: hacia la industria de las dietas, la de las cirugías cosméticas y todas aquellas instituciones y estructuras que han lucrado con tu insatisfacción corporal.

Busca maneras de expresar tu enojo, ya sea por medio de la escritura, de una conversación o de cualquier medio que te permita liberarlo. Y es que tal como dice la escritora y activista Gloria Steinem: "La verdad te hará libre, pero antes te hará rabiar".[47]

La rabia es una poderosa emoción de energía movilizadora; sin embargo, como mujeres se nos ha hecho creer que se trata de una emoción inadecuada. El mundo patriarcal en que vivimos ve a una mujer enojada como una amenaza. Se nos ha enseñado a reprimir nuestro enfado. Kristen Neff, en su libro *Autocompasión fiera*, nos explica que "la idea de que el enfado no es natural para las mujeres se refuerza con las reacciones de los demás. A las mujeres enfadadas se las etiqueta como locas, irracionales e inestables. En general, la gente considera que una mujer enfadada o alborotadora debe estar mentalmente perturbada, emocionalmente desequilibrada u hormonal".[48]

La fase de enojo en el duelo es normal y necesaria. Y vale la pena compartir que esta fase para muchas mujeres puede ser el inicio de un activismo social en pro de la diversidad corporal.

Negociación

Es común que me digan "me encanta este enfoque, solamente quiero perder X cantidad de kilos y ya después iniciaré mi proceso". Otras me dicen "esto suena maravilloso para otras personas, pero no para mí. Yo sí necesito perder peso por salud". La negociación en este sentido está muy ligada a la negación. "Como aún no quiero creer del todo esta nueva narrativa que se me presenta (y que me hace sentido), intento negociar".

La negociación puede también presentarse cuando tratamos de disfrazar nuestras conductas dietantes y restrictivas como un "estilo de vida saludable" o un "cambio de hábitos". Queremos creer que ya no hacemos dieta, pero "nos cuidamos" por salud. En este punto vale la pena hacer notar cómo la cultura de dietas nos ha hecho creer que la restricción y la subalimentación son prácticas de autocuidado, al grado de que usamos la frase "me cuido" en vez de "me restrinjo". ¿En qué momento nos convencieron de que restringir nuestra alimentación era "cuidarnos"? Muchas personas continúan dietando y viviendo con reglas rígidas de alimentación bajo la creencia de que lo único que están haciendo es llevar una "alimentación saludable".

La negociación es ese estira y afloja que ocurre cuando nos movemos de un paradigma a otro. Es creer que podemos conservar algunas cosas de la isla de origen y a la vez mudarnos a la nueva isla. Entender que el enfoque debe ser radical para liberarnos por completo cuesta trabajo y toma tiempo.

Depresión

La tristeza es una emoción que aparecerá en este duelo. Y es que vivir este proceso implica conectar con heridas profundas y dolorosas. Aceptar la pérdida de ese cuerpo que tuvimos algún día o al que aspiramos tanto tiempo duele, y duele mucho. Renunciar a la validación, la aceptación y los privilegios que otorga un cuerpo delgado en esta sociedad puede provocarnos sentimientos de tristeza profunda. Reconocer que vivimos en un mundo gordofóbico, que rechaza nuestros cuerpos y nos dice que no tenemos derecho a vivir en el cuerpo que tenemos, puede ser desolador.

Es importante que en esta etapa te permitas sentir la tristeza y busques el acompañamiento de personas que puedan ayudarte a transitar esta emoción dolorosa de la mejor forma. Una manera de sentirte más acompañada en este proceso es escuchar las historias de mujeres que han pasado por lo mismo. Busca cuentas en redes sociales que hablen del tema, escucha pódcasts o lee libros sobre liberación corporal. Reconoce la tristeza que estás sintiendo como parte de tu humanidad y vulnerabilidad, y piensa que, como todo en esta vida, terminará pasando. Sé que ahora no puedes verlo, pero terminarás sintiendo algo muy distinto a lo que experimentas ahora. Me encantaría decirte que hay una forma de saltarte este trecho, pero no es así. Hay que vivir el dolor para después transitar hacia otro lugar.

Aceptación

¿Cómo sería si pudiera aceptar la vida, aceptar este momento, exactamente como es?
TARA BRACH, *Radical Acceptance*[49]

Muchas personas suelen confundir los términos de *aceptación* y *resignación*, pese a que se trata de dos conceptos distintos. La resignación tiene una connotación de conformismo y fracaso. Cuando estamos haciendo un trabajo de liberación corporal, confundir la aceptación con resignación es asumir que estamos tirando la toalla y resignándonos a un premio de consolación. Tu cuerpo no es ningún premio de consolación ni algo con lo que deberías conformarte. Tu cuerpo es, existe y merece una aceptación radical e incondicional. Como dice la activista y escritora Sonya Renee Taylor en su libro *El cuerpo no es una disculpa*, "El amor propio radical no es un destino al que intentas llegar, es quien ya eres, y este amor radical ya está trabajando incansablemente para guiar tu vida".[50]

La aceptación tiene que ver con dejar ir creencias y ataduras inútiles que nos han desconectado de quienes realmente somos. En esta etapa es cuando empezamos a desprendernos de pensamientos y conductas pasadas para dejar entrar nuevas narrativas. Es reconocer que nuestro cuerpo jamás fue el problema, y todas las creencias negativas que tenemos respecto a él se aprendieron e interiorizaron desde una cultura que nos orilló a ello. Aceptarnos es un acto de rebeldía ante un sistema que ha lucrado con la misma insatisfacción que nos creó. La aceptación es un proceso que toma tiempo y requiere paciencia.

En este camino de la liberación corporal y alimentaria, la aceptación puede verse como:

- Empiezas a sentir que no podrías volver a hacer una dieta más.
- Te atreves a hacer cosas que habías pospuesto hasta que adelgazaras.
- Te sientes más libre con tu alimentación y disminuye la culpa al comer.
- Puedes hablar del tema con tranquilidad.
- Te das cuenta de que te hablas de una manera más amable.

El duelo de cada persona es único y las etapas no son lineales. Es posible que brinques de una a otra, y a pesar de sentir que avanzas hacia la aceptación, tengas días donde el enojo o la tristeza te invadan. Recuerda que somos seres humanos susceptibles y vulnerables, y nuestras emociones muchas veces se presentan sin avisar.

Herramientas para cruzar el puente

Cruzar el puente implica valor. Implica soltar aquello que nos daba seguridad para aventurarnos a lo desconocido. El cruce de cada persona es distinto en tiempo y en dificultad, aunque existen diferentes herramientas que pueden ayudarte a suavizar el proceso. Aquí te presento algunas:

- **Limpia tus redes sociales.** Las redes sociales pueden ser de gran ayuda en tu proceso de deconstrucción. Yo misma he recibido mucha educación en el tema a partir de las cuentas que sigo. Cada vez hay más perfiles de activistas, profesionales de la salud e influencers que hablan de liberación corporal, *body positive*, Alimentación Intuitiva y Salud en Todas las Tallas. Seguir estas cuentas es fundamental para tu sanación. También es muy importante que dejes de seguir cuentas que promuevan la cultura de dietas, los cuerpos irreales y los estándares de belleza. Hacer una limpieza de todas las cuentas que puedan provocarte incomodidad o ansiedad con respecto a tu cuerpo y tu forma de comer ayuda a que tus redes se conviertan en un espacio seguro para ti.
- **Documéntate.** Lee libros, escucha pódcasts y entrevistas, busca artículos. Existen cada vez más y más recur-

sos disponibles sobre el tema. Escuchar las historias de otras personas que han atravesado este camino es también de mucha ayuda.

- **Fuera báscula.** Deshacerte de la báscula es liberarte de un número que por muchos años definió tu estado anímico. El número en la báscula no dice absolutamente nada de ti. Esa cifra solo mide la relación de tu cuerpo con la gravedad de la Tierra. Si has sido dietante crónica, es probable que hayas sido esclava de ese objeto por años. Tíralo ya a la basura, rómpelo, deshazte de él. Dejar de pesarte es un acto de liberación y de rebeldía ante un sistema que te condicionó a medir tu valor en kilos.
- **Saca la ropa que ya no te queda.** La ropa está hecha para adaptarse a ti, no tú a la ropa. Nos vendieron la absurda idea de que comprar una talla más era un fracaso y comprar una menos era sinónimo de éxito. El número que aparece en la etiqueta de una prenda no dice nada de ti y jamás deberías intentar modificar tu cuerpo para caber en una prenda más pequeña. ¿Qué harías si de pronto te dieras cuenta de que los zapatos que usabas comenzaran a apretarte? ¿Se te ocurriría cortarte los dedos para que te queden de nuevo? ¿Te culparías por tener los pies tan grandes? Suena absurdo, lo sé. Pero igual de absurdo es pensar que tu cuerpo debería achicarse para entrar en un vestido o en un pantalón. Además, mereces pasar tu vida en ropa cómoda. Usar ropa que te aprieta puede ser una tortura, y podría estarte reforzando el pensamiento de que tu cuerpo es inadecuado. Si tienes la posibilidad, ve y compra ropa que te quede cómoda. Entiendo que en esta cultura gordofóbica es difícil encontrar prendas de talla grande.

Lamentablemente la industria de la ropa no es incluyente y ha dejado fuera a un amplio sector de la población. Esto no es problema tuyo ni de tu cuerpo, es claramente un tema de discriminación. Pero por fortuna, la población ha empezado a demandar con más fuerza tallas para todos, de tal manera que poco a poco se han ido abriendo espacios más incluyentes en lo que a vestimenta respecta. Se que aún no es suficiente, pero esperemos que esto gane cada vez más terreno.

- **Aléjate de y rebélate ante las conversaciones de dieta.** Varias veces lo he dicho en mis redes sociales: Recuperarte de la cultura de dietas en este mundo es el equivalente a que una persona con alcoholismo intente recuperarse en un bar, donde todas las personas están bebiendo alcohol y todo mundo te invita copas y te aplaude cuando bebes, argumentando que lo que haces es muy saludable. Incluso tu médico puede fungir como tu bartender. Y es que vivimos inmersos en una cultura donde los patrones dietantes, la gordofobia y la restricción están tremendamente normalizados. Además, cuando inicias este camino, suele pasar que te vuelvas mucho más receptiva y sensible a estos mensajes, de forma que empiezas a darte cuenta de que están en todos lados. Es como si de pronto se nos pararan las antenas y empezáramos a descubrir cultura de dietas en cientos de lugares donde antes no la veíamos.

  Mantenerte alejada, en la medida de lo posible, de las conversaciones de dieta, cuerpos y alimentación es una estrategia que puede ayudarte a transitar con menos ansiedad este camino. Buscar la forma de cambiar el tema o alejarte, aunque sea temporalmente, de los espacios más contaminados con estas conversaciones son estrategias efectivas para sentirte más segura en tu andar. Ahora, si te sientes con energía y tienes ganas, también puedes optar por rebelarte en estas conversaciones. Dependerá del espacio y la gente con quien te encuentres, pero puedes valorar la posibilidad de hablar de los daños de la cultura de dieta y del bien que a todos nos haría terminar con estas conversaciones. Al hacerlo, quizás siembras una semilla de cambio en alguien más.

- **Deshazte de materiales de dieta.** ¿Cuántas dietas impresas tienes almacenadas en casa? ¿Cuántos libros de alimentación y dietas hay en tu librero? ¿Cuántas apps de dietas, conteo de calorías o recetas *light* tienes en tu teléfono? ¿Tienes en tu cocina frascos con polvos para licuados dietéticos? Todos estos materiales han sido parte del control que la cultura de dietas ha ejercido sobre ti. Son objetos o sistemas cuya finalidad ha sido mantenerte hipervigilante de tu alimentación y de tu cuerpo. Deshacerte de ellos es emprender tu camino de liberación y decretar tu independencia de las dietas. Al hacerlo, reivindicas tu autonomía alimentaria y tu derecho a tomar tus propias decisiones en lo que a la comida se refiere.
- **Crea comunidad.** Andar este camino en compañía lo vuelve mucho más suave. Si bien la mayoría de las personas en nuestra sociedad siguen inmersas en la cultura de dietas, hay también una creciente comunidad que ha emprendido ya la ruta de la liberación corporal y alimentaria. Encontrar espacios seguros dónde hablar de estos temas y dónde poder compartir las dificultades que implica este proceso puede ser reconfortan-

te. Si no tienes entre tu gente cercana a personas que estén viviendo este proceso, las redes sociales pueden brindarte espacios para conectar con quienes sí lo están haciendo. Cada vez somos más las que pugnamos por la inclusión de todos los cuerpos, y cada vez hay más espacios colectivos de activismo y liberación corporal.

Libérate de la vergüenza corporal

La vergüenza es descrita por Brené Brown[51] como ese sentimiento o experiencia intensamente dolorosa de creer que estamos defectuosos y, por lo tanto, no merecemos aceptación y pertenencia. Los estándares de belleza y los mandatos de apariencia nos han llevado a vivir en una constante vergüenza por nuestros cuerpos. Los percibimos como defectuosos, rotos e imperfectos. La sensación de ser inadecuadas nos cala profundamente y nos lleva a vivir en una necesidad de arreglo constante, sin que nunca sea suficiente. La sensación de vergüenza por nuestros cuerpos es tan grande que incluso nos da vergüenza hablar de ella. Es tema tabú, y rara vez entre mujeres compartimos el dolor que experimentamos por habitar un cuerpo que creemos impropio. Vivimos una época en la que es casi imposible encajar en el molde y, sin embargo, encajar nunca ha sido más importante.

La vergüenza corporal nos destruye, nos paraliza y nos sumerge en una profunda tristeza. Salir de esta espiral de autodesprecio es posible y puede hacerse por medio de un trabajo de resiliencia a la vergüenza, el cual plantea Brené Brown por medio de cuatro estrategias:

1. **Reconocer e identificar la vergüenza y sus detonadores.** Nombrar la emoción y validarla, de tal forma que podamos reconocerla y aprender a detectar los elementos que la detonan. El detonador puede ser un comentario de algún familiar, la noticia de un próximo viaje a la playa o una fotografía donde no nos guste cómo salimos.
2. **Conciencia crítica.** Es necesario que entendamos de dónde viene esa sensación de vergüenza y por qué la experimentamos. Pregúntate cuáles son las expectativas sociales respecto a tu cuerpo, de dónde provienen, por qué existen y quién se beneficia de tu vergüenza corporal. A partir de esto, contextualiza, normaliza tu emoción y quítale el tabú.
3. **Busca una red de apoyo.** Crea comunidad, acércate a otras mujeres que estén pasando por lo mismo y comparte tus emociones y vivencias. Las redes sociales pueden ser un gran espacio para ello.
4. **Habla de la vergüenza.** Nombrar y verbalizar la emoción hará que le quites una capa de vergüenza a tu vergüenza. Normalizarla es reconocerla para desde ahí trabajar en ella.

Y recuerda, no se trata de aceptar tus "defectos físicos", se trata de entender que nunca lo fueron.

La autocompasión

Una de las herramientas indispensables para hacer este trabajo es la autocompasión, ser cálidas y comprensivas con nosotras mismas cuando sufrimos, fallamos o nos sentimos inadecuadas, en vez de ignorar nuestro dolor o flagelarnos con una autocrítica. Kristen Neff describe tres elementos de la autocompasión:[52]

- **Autoamabilidad.** Implica darnos el mismo trato amoroso, compasivo y cálido que le damos a alguien que pasa por una situación similar a la nuestra. Es hablarnos con la voz amable que utilizamos cuando nos aproximamos a alguien que experimenta dolor o sufrimiento. La autoamabilidad es lo contrario del autojuicio, de esa voz interna que nos regaña, nos señala y nos juzga.

  Me gustaría ilustrar esto con un ejemplo que viví en consulta. Un día, una paciente que había avanzado bastante en la aceptación de su cuerpo me contó que sintió que todo se vino abajo el día de su cumpleaños, pues se tomó una foto con sus dos hijos y, al verse retratada, se detonó de nuevo en ella la vergüenza corporal y la sensación de ser inadecuada. En ese momento estuvo tentada a borrar la foto, pues sentía que no merecía salir en ella. Su nivel de autojuicio era muy alto en ese momento y no podía concebir tener en su carrete esa imagen. Por suerte, algo la detuvo y no la borró. En consulta se me ocurrió entonces hacerle la siguiente pregunta: "Si al ver la foto no te hubiera gustado cómo salió alguno de tus hijos, ¿en algún momento se te hubiera ocurrido decirle que ibas a borrar la foto, que te parecía inconcebible guardar en tu carrete una imagen así?". Por supuesto, me contestó que no, que eso sería un acto cruel y despiadado con su hijo. Y entonces le pregunté, "¿Por qué eso no sería cruel y despiadado cuando lo diriges a ti?".

- **Humanidad común.** Es reconocer que no estamos solas en nuestro dolor y sufrimiento, entendiendo que estas emociones forman parte de nuestra naturaleza humana compartida. Es entender que la mayoría de las mujeres en este mundo sentimos que nuestros cuerpos son inadecuados y experimentamos sensaciones de vergüenza corporal. Darnos cuenta de que esto proviene de un sistema que nos llevó a sentirnos así de forma compartida puede suavizar nuestro dolor.
- **Atención plena o *mindfulness*.** Implica tomar conciencia de nuestras emociones, reconocerlas y aceptarlas. Es aprender a surfearlas esperando que pasen, en vez de sobreidentificarnos con ellas y quedarnos ahí rumiándolas. Es aprender a ponerlas en perspectiva y observarlas con curiosidad y sin juicio, sin tratar de suprimirlas. Es aprender a sentarnos con la emoción esperando a que pase.

Lidiar con los días de mala imagen corporal

El trabajo de liberación y aceptación corporal no es lineal, es una práctica que requiere tiempo y tiene altas y bajas. Hay días en que nos sentimos mucho más incómodas con nuestro cuerpo y otros en que todo fluye de forma más suave.

Los días donde nos sentimos más incómodas pueden vivirse de forma intensa, y cuando llegan podemos tener la sensación de que así nos sentiremos siempre. Son días difíciles que nos hacen sentir que no hemos avanzado. Pero estos días pasan, no son eternos.

Existen varias estrategias útiles para sortear mejor estos días y transitarlos con más suavidad:

- **Intenta vestirte con ropa cómoda, nada que te apriete.** Sentirte holgada en tu ropa hará que pienses menos en tu cuerpo. Todas solemos tener algo que consideramos nuestro *outfit* seguro, ese donde generalmente nos sentimos mejor. Estos días son un buen momento para utilizarlo.
- **Evita el *body checking* o monitoreo corporal.** Justo esos días intenta ser más consciente de no inspeccionar tu cuerpo en busca de "imperfecciones".
- **Intenta explorar si pudo haber algo externo que detonara tu incomodidad.** Tal vez un comentario de alguien, la proximidad de un evento social o una visita al médico. Hay muchos factores que pueden dejarnos más hipervigilantes de nuestro cuerpo.
- **Recuerda que ayer no te sentías así y tu cuerpo era el mismo.** Esto no tiene que ver con tu cuerpo, sino con la forma en que en este momento lo estás percibiendo.
- **Haz conciencia de que esto pasará.** No te sentirás así por el resto de tu vida.
- **Practica mucho la autocompasión.** Intenta pensar qué le dirías a alguien que amas en una situación similar.

El trabajo de liberación y aceptación corporal no pretende que todos los días te sientas feliz en tu cuerpo, eso sería utópico. Pero con el tiempo irás sintiendo que estos días de incomodidad corporal aparecen de forma más esporádica, duran menos y no rigen tu vida. Tal como me dijo una consultante en una de sus últimas citas antes de darla de alta:

"Raquel, no te niego que hay momentos en que no me gusta nada lo que veo en el espejo, pero al menos eso ya no destruye mi día".

Lidiar con las fotos

Uno de los temas que aparecen con demasiada frecuencia en mi consulta es el de las fotos. Constantemente, mis pacientes me dicen que ver fotos suyas las detona. A veces sienten que van mejorando, que se sienten más cómodas en sus cuerpos, pero que en el momento de ver fotos se vienen abajo de nuevo. Esto me lleva a reflexionar: ¿Por qué a las mujeres nos es tan importante salir bien en cada una de las fotos en que aparecemos? ¿Por qué vernos en fotos nos genera tanta ansiedad? ¿Qué pasa dentro de nosotras cuando vemos esas imágenes?

Hoy en día vivimos en un mundo de *fotitis*; es decir, estamos expuestas de forma continua a infinidad de fotos. Hace unos años veíamos fotos nuestras solo de forma ocasional. Las fotos se tomaban exclusivamente en eventos especiales y había que esperar a revelarlas para verlas. Eran fotos impresas a las que además era imposible hacerles *zoom* para "inspeccionar defectos". Hoy en día también vemos todo el tiempo fotos de otras personas, ya sea de celebridades y estrellas de cine, o bien de gente conocida que podemos no haber visto en años, como la compañera que cursó con nosotros la secundaria o nuestro primo que vive en el extranjero. La exposición constante a imágenes nos hace estar mucho más pendientes de ellas.

Las fotos son un espacio de comparación. Generalmente, salimos en ellas acompañadas de otras personas, y eso hace que midamos nuestro aspecto con relación a los demás. En las fotos solemos vernos en ángulos que no estamos acostumbradas a mirar: vemos nuestro perfil o nos vemos por detrás. Eso hace que nos sintamos poco familiarizadas con lo que miramos y puede resultar incómodo.

El resultado de una fotografía depende de múltiples factores: la postura corporal en que se nos toma, la iluminación, el ángulo. Podemos tomarnos varias fotos un mismo día, con el mismo atuendo, y quizás algunas de ellas nos gusten y otras no. ¿Qué te lleva a pensar esto? Yo tengo esta filosofía un tanto irónica, pero que carga cierta verdad: si no me gusta cómo salgo en una foto, la culpa es del fotógrafo.

Creo que nuestro mayor temor al ver una foto que no nos gusta es la creencia de que todas las demás personas nos miran y nos perciben así. La realidad es que no podemos saber cómo nos miran las demás personas, pues la percepción de los otros tampoco es algo uniforme. Estoy segura de que mi esposo no me percibe igual que mi madre, una amiga o un desconocido que se topa conmigo en la calle. Pero lo más importante de todo es que eso realmente no debería tener relevancia. La mayoría de la gente no está meticulosamente vigilando los cuerpos ni las fotos de los demás. Las personas suelen vivir inmersas en sus propios problemas. Y si llegan a toparse con una foto en la que salimos mal, lo más probable es que no les importe en absoluto y no le destinen la menor atención. No niego que hay gente juiciosa que sí critica nuestro aspecto en las fotos, pero eso habla de ellas, no de nosotras. Ninguna persona que se sienta cómoda con su cuerpo va por la vida criticando el cuerpo de los demás.

Las mujeres solemos estar mucho más pendientes de cómo salimos en las fotos, y esto tiene que ver con el hecho de que somos mucho más juzgadas por nuestra apariencia. Imagina lo siguiente: piensa en un grupo de 10 mujeres que se toman una foto colectiva y de inmediato la mandan al *chat* que comparten. ¿Qué piensas que hará cada una al recibir la foto? Yo creo altamente probable que cada una haga *zoom* de inmediato para inspeccionar su propia imagen. Dudo que estas mujeres inspeccionen con tanta meticulosidad las imágenes de sus compañeras. También imagino que muchas de ellas (si no es que todas) pensarán que no salieron bien y empezarán a examinar sus "defectos", comparándose con las demás. Ahora imagina la misma situación en un grupo de 10 hombres. ¿Crees que las cosas serían diferentes?

Muchas de mis consultantes me dicen también que, cuando ven fotos suyas del pasado, no pueden creer que en ese momento se sintieran incómodas con sus cuerpos. Hoy ven esas fotos y de hecho les gustan, miran ese cuerpo del pasado con nostalgia y anhelando volver a verse así. Pero a la vez recuerdan que odiaron lo que vieron el día que se la tomaron. ¿Será entonces que realmente el problema no es el cuerpo, sino la forma en que lo miramos?

Hace poco, una consultante mía se casó. Tuvimos sesión poco después de su boda y ella se encontraba muy alterada porque había odiado todas las fotos. No le gustaba cómo salía en ninguna y de hecho estaba evitando verlas. Hablamos largo y tendido sobre el tema, y sobre las expectativas que se depositan en una novia y la forma en que esta debe lucir. Un par de meses después, en otra de nuestras sesiones, volvió a salir el tema de las fotos. Con sorpresa me contó que había vuelto a verlas y ya no le habían provocado el rechazo que le causaron la primera vez. Algunas de hecho le gustaron mucho. ¿Qué pasó aquí? Las fotos son las mismas, la persona que las mira es la misma; lo que cambió fue su forma de mirarlas. La próxima vez que mires una foto tuya y no te guste, guárdala y vuélvela a mirar unos meses después. Quizás puedas llevarte una gran sorpresa.

¿Y ahora, qué como?

La Alimentación Intuitiva

Si has pasado tu vida a dieta, es muy probable que te sientas aterrada de dejarlas, pero además, es posible que no tengas idea de cómo empezar a alimentarte sin ese papelito que te dicta qué, cuánto y a qué horas debes comer. Tantos años de tu vida has comido lo que te han indicado, que quizás ya ni siquiera sepas qué te gusta ni cuándo tienes hambre ni cuándo estás satisfecha. Liberarte de las reglas alimentarias a las que te has sometido por años requiere valor y disposición para enfrentar el miedo y la incomodidad.

Existen diversos modelos de alimentación que pueden ayudarte a salir del mundo de las dietas. Los más populares son la Alimentación Intuitiva y la Alimentación Consciente o Mindfull Eating. Yo trabajo en mi consulta con el primero, en el que me he especializado.

La Alimentación Intuitiva es un modelo desarrollado por dos nutriólogas estadounidenses, Evelyn Tribole y Elyse Resch, en la década de 1990. Ellas lo definen como "un marco de autocuidado que integra el instinto, las emociones y los pensamientos racionales. Una práctica que honra la salud física y mental, y que se alinea con los principios de Salud en

Todas las Tallas".[53] Este modelo está sustentado en más de 200 estudios científicos y se compone de 10 principios orientados a que las personas salgan del mundo de las dietas y reconecten con sus cuerpos, entendiendo que estos tienen la capacidad de guiarlas en la toma de decisiones asertivas con respecto a la alimentación. La Alimentación Intuitiva no promueve la pérdida de peso intencional y proclama la idea de que cada cuerpo se estabilizará en el peso que le corresponda cuando la persona vuelva a comer de forma intuitiva.

La Alimentación Intuitiva tiene como objetivos primordiales cultivar la conexión con el cuerpo y eliminar los obstáculos que interfieren con ella, como lo son pensamientos, reglas, creencias y juicios alrededor de la comida. Un *comedor intuitivo* se define como alguien que toma decisiones alimenticias sin experimentar culpa ni un dilema ético, que honra el hambre, respeta la plenitud y disfruta el placer de comer.

En este libro no abordaremos a profundidad el modelo de la Alimentación Intuitiva, ya que es bastante extenso. Para conocerlo, recomiendo leer el libro publicado por las autoras.[54] Sin embargo, intentaré dar una breve descripción de los 10 principios que lo conforman:

1. **Rechaza la mentalidad de dieta.** Cobra conciencia de que las dietas para perder peso no funcionan y entiende el daño que te han hecho para desde ahí decretar que no volverás a hacer una más en tu vida.
2. **Honra tu hambre.** Al hambre hay que honrarla comiendo, de la misma forma que honramos nuestra sed bebiendo o nuestras ganas de orinar orinando. El hambre no debe ignorarse, aguantarse ni engañarse. El hambre se atiende comiendo.

3. **Haz las paces con la comida.** Entiende que la comida no es buena ni mala ni tiene valor moral. Si bien los alimentos tienen valores nutricionales distintos, eso no los vuelve mejores ni peores que otros, los vuelve diferentes. Además, lo que es bueno para alguien puede ser malo para otra persona. ¿Acaso podríamos decir que las fresas son buenas para quien es alérgico a ellas? ¿O podríamos decir que sería mejor que un niño desayune un plato de brócoli en vez de una dona con un vaso de leche antes de ir a la escuela si estas fueran las únicas opciones que tiene disponibles en ese momento? ¿O podríamos afirmar que una ensalada es la mejor opción para una persona que se está recuperando de una anorexia restrictiva?
4. **Reta a la policía alimentaria.** Reta a esa voz interna que te regaña o te juzga cuando comes algo que crees que "no deberías", pero reta también a la policía externa, esa que puede provenir de algún familiar, amigo o compañero de trabajo, o bien de los mensajes de los medios que te fiscalizan y te hacen sentir mal por lo que estás comiendo.
5. **Siente tu saciedad.** Reconecta con tu cuerpo para poder sentir de nuevo el nivel en que te sientes cómodamente saciada. Si has hecho dietas de forma constante, es probable que te hayan hecho creer que debías conformarte con menos comida de la que tu cuerpo requiere, de forma que ya no sepas qué es comer hasta estar satisfecha. Volver a reconectar con tus señales es un proceso y una práctica que requiere tiempo. Este principio nos habla de aprender a sentir nuestra saciedad, pero no nos dice que debamos necesariamente

parar ahí. A veces, la comida está muy rica y queremos comer más allá de una saciedad cómoda, y eso es normal y está bien. Comer más allá de este punto no es un acto moral ni algo de lo que debas avergonzarte o sentirte culpable. Cuando comes "de más" no estás violando una ley internacional, simplemente estás comiendo más. Ahora, sé que quizás no te guste llegar a un nivel de sobrealimentación elevado que te genere incomodidad física, y está bien que prefieras parar antes de llegar ahí. Sin embargo, es importante decir que la mayoría de quienes llegan a esos niveles lo hacen por una mentalidad de dieta; es decir, como todo el tiempo están pensando que es quizás su última oportunidad para comer cierto alimento porque a partir de mañana se lo volverán a restringir, quieren aprovechar y comer tanto como puedan. A esto se le llama el fenómeno de la última cena.

6. **Descubre la satisfacción al comer.** Reclama tu derecho a disfrutar los alimentos y experimentar placer al comer. Tu plato merece estar libre de culpa y vergüenza. Tienes derecho a elegir alimentos que te gusten y te satisfagan. Será mucho más fácil conectar con tu saciedad si comes alimentos que disfrutas.
7. **Lidia con tus emociones con amabilidad.** El comer de manera emocional es normal. Todas las personas a veces comemos por emociones, porque estamos tristes, enojados, ansiosos o contentos. Nuestro primer vínculo con la comida fue emocional: cuando nacimos, alguien nos cargó, nos abrazó y nos alimentó. La comida es una herramienta que nos ayuda a lidiar con emociones incómodas, y eso está bien. La cultura de dietas ha sata-

nizado comer de forma emocional, haciéndonos creer que somos una especie de robots que solo tienen derecho a comer cuando hay una clara hambre física. Es cierto que algunas personas tienen una relación emocional complicada con la comida en el sentido de que puede llegar a ser su única herramienta para lidiar con ciertas emociones y comen hasta quedar físicamente incómodas. En esos casos se hace un trabajo para incorporar herramientas adicionales y lidiar con los sentimientos, entendiendo que la comida puede ser una más. Las personas que hacen dieta tienden a refugiarse emocionalmente mucho más en la comida que quienes no la restringen. La restricción o la sensación de que no habrá comida próximamente (porque mañana volvemos a empezar la dieta) hace que los alimentos se vuelvan un recurso emocional mucho más atractivo, recurrente y seductor.

8. **Respeta tu cuerpo.** Entiende que no tienes la capacidad de modificar tu cuerpo a tu voluntad y tu cuerpo está bien con la forma y el tamaño que tiene hoy. Recuerda que tu cuerpo no tiene que gustarte para que lo trates con respeto y lo cuides. Date cuenta de que, si sientes rechazo por tu cuerpo, es porque te enseñaron a sentirlo. Tratar a tu cuerpo con amor y gratitud es algo que puedes hacer en el cuerpo que tienes hoy.
9. **Movimiento para sentir la diferencia.** Si es que quieres mover tu cuerpo y decides hacerlo, hazlo desde los beneficios que el ejercicio te proporciona día con día, y no desde tu deseo de modificar tu cuerpo. Libérate de la idea de que "tienes que hacer ejercicio para adelgazar". El movimiento corporal nos proporciona múltiples be-

neficios y es una práctica que favorece nuestra salud física y emocional. Desde este lugar podemos conectar con él de una forma mucho más amorosa y noble.

10. **Honra tu salud con una nutrición gentil.** Liberarnos de las dietas y practicar una alimentación libre de reglas y restricciones no excluye lo que llamamos terapia médico-nutricional. Cuando practicamos la Alimentación Intuitiva, incorporamos conceptos de nutrición validados por la ciencia que favorecen nuestra salud, pero esto nunca se hace desde la intención de perder peso. Podemos optar por incluir más fibra si presentamos estreñimiento, o añadir alimentos ricos en antioxidantes y en grasas mono y poliinsaturadas que favorezcan nuestra salud cardiovascular. Comer intuitivamente no implica desconocer que la nutrición es una ciencia que nos puede ayudar a tener una mejor calidad de vida.

Es importante aclarar que no todas las personas pueden aplicar todos los principios de la Alimentación Intuitiva. Existen situaciones donde alguno de ellos pueda ser difícil o imposible de practicar, ya que los seres humanos vivimos realidades muy distintas. Por ejemplo, una persona que se está recuperando de una anorexia difícilmente podrá comer guiada por sus señales de hambre y saciedad. Las personas que viven inseguridad alimentaria difícilmente podrán darse el permiso incondicional de comer lo que quieran cuando quieran, ya que su acceso al alimento es limitado. Algunas personas neurodivergentes pueden tener dificultad en la interocepción; es decir, podrían tener problemas para conectar con sus señales de hambre y saciedad. Lo mismo sucede en el caso de algunos medicamentos que interfieren con dichas señales. Practicar la Alimentación Intuitiva tiene que ver también con una cuestión de privilegio.

Llegado este punto, me gustaría compartirles una anécdota. El otro día, una consultante me contó que había comentado con su novio lo que estábamos trabajando juntas. Le habló de que estaba haciendo un gran esfuerzo por volver a comer sin reglas, por escuchar sus señales de hambre y atenderlas, por atender a sus antojos, por entrar en contacto con su saciedad y comer guiada por su intuición. Al escuchar esto, su novio, un hombre que siempre ha sido delgado, puso cara de asombro y desconcierto, y le respondió: "No entiendo, ¿por qué tienes que ir con alguien para hacer algo así? ¿Por qué tienes que hacer un esfuerzo para todo eso que dices, siendo que eso es lo natural? Así es la vida, ¿no? Uno come cuando tiene hambre, hasta estar satisfecho y los alimentos que disfruta. Es muy raro esto que me platicas".

Y es que, claro, lo natural sería que todas las personas comiéramos como el novio de mi consultante. Las personas que jamás han estado sometidas a restricciones, dietas ni reglas suelen comer así: de forma intuitiva. Y por supuesto que esto ocurre sobre todo en personas que por naturaleza son delgadas, ya que a ellas es menos probable que las invada la cultura de dietas. La Alimentación Intuitiva, en la ausencia de la cultura de dietas, ni siquiera existiría, simplemente se llamaría alimentación.

La terapia médico-nutricional

La Alimentación Intuitiva no niega la ciencia de la nutrición, lo que hace es sacar el peso del foco. La terapia médico-nutricional hace referencia a las indicaciones específicas de alimentación que se otorgan a personas con ciertas condiciones de salud, asociadas con un mejor manejo de su enfermedad. Es cierto que existen, por ejemplo, algunas recomendaciones alimentarias para las personas con diabetes y contribuyen a que estas tengan un mejor control de sus valores de glucosa en sangre. De la misma forma, hay indicaciones que favorecerán la salud de quienes padecen hipertensión o dislipidemias. Pero bajo un enfoque de salud no centrado en el peso, estas recomendaciones se dan sin que la intención de las mismas sea que la persona pierda peso. Es decir, si llega a mi consulta una persona con diabetes, mis recomendaciones estarán orientadas a que mejore su condición, a que su azúcar en sangre se mantenga dentro de rangos adecuados y su calidad de vida sea mayor.

Rumbo a una alimentación libre de reglas

Si has pasado largas temporadas de tu vida a dieta, es posible que te sientas muy confundida y no sepas por dónde empezar. El camino hacia la Alimentación Intuitiva y libre de reglas es distinto para cada uno. No hay un mapa ni un manual detallado que te indique cómo hacerlo. A diferencia de la cultura de dietas, aquí se requiere que dejes de buscar guías externas que te indiquen qué y cuánto comer, y vuelvas a confiar en tu cuerpo para que él te guíe. Te dejo aquí algunas estrategias que pueden ayudarte a cruzar este puente:

- Haz una lista de las reglas alimentarias que tienes. A partir de ahí, cuestiónalas y pregúntate de dónde vienen, quién te las inculcó, de qué te sirven y si tienen algún fundamento.
- Intenta practicar una alimentación consciente; es decir, procura estar presente en tu cuerpo y con tus alimentos a la hora de comer. Intenta comer sin distractores y sin aparatos electrónicos, prestando atención a la comida: ¿cómo es su sabor, su olor, su textura, su temperatura y su aspecto? ¿Qué sensaciones despierta en tu cuerpo? ¿Cómo cambian estas sensaciones conforme vas comiendo? ¿Te es placentero ese alimento? ¿Te evoca recuerdos?
- Ve al supermercado con la disposición de recorrer con curiosidad los pasillos y comprar los alimentos que te apetezcan. Hazlo sin juicios y honrando tus gustos y preferencias. Explora nuevas opciones y recetas.
- Cuando no sepas qué te apetece comer, hazte las siguientes preguntas: ¿en este momento se me antoja algo caliente o frío? ¿Dulce o salado? ¿Sólido o líquido? ¿Suave o crujiente? Te ayudará a tener mayor claridad.
- Semáforo de alimentos: haz un listado de alimentos, colocando en verde los que te permites de forma incondicional, en amarillo los que te permites ocasionalmente o los que, aun si te los permitas, te generan culpa, y en rojo los que tienes en la categoría de prohibidos. La idea es que poco a poco puedas llevar todos tus alimentos al verde.

- Trata de buscar espacios seguros y agradables para comer. Intenta comer en compañía de gente que no juzgue tus elecciones y en espacios libres de conversaciones de dieta.
- Compra y ten en casa esos alimentos que te has restringido y no te permites. La exposición a ellos hará que empieces a experimentar lo que se conoce como el efecto de habituación. A medida que un alimento esté disponible siempre y de forma incondicional, comenzará a perder el poder que tiene sobre ti. Puedes empezar por un alimento a la vez, observándote sin juicio y con curiosidad.

Los límites

Sin duda, empezar a andar este camino es nadar contracorriente todos los días. Empezar a cruzar tu puente es un acto de valentía, pero también de resistencia. Es muy probable que empieces a recibir comentarios de diversas personas y te hagan sentir que estás equivocada y debes regresar a tu isla de origen: puede ser tu mamá diciendo que has subido de peso o tu amiga que se queja de lo gorda que está y te platica de su nueva dieta, o el médico que señala el perder peso como única solución a tus problemas de salud.

La cultura de dietas está en todos lados: está en las conversaciones cotidianas cuando nos sentamos a una mesa a comer, está en los concursos que hacen en tu empresa para ver quién pierde más peso, está en los anuncios que promocionan el nuevo método infalible para perder peso para siempre y está también en el consultorio médico.

Para suavizar tu cruce hacia el otro lado puede ser de mucha ayuda que comiences a poner límites a las personas que se sienten con derecho a opinar sobre tu cuerpo o sobre tu forma de comer. Poner límites no es fácil y puede resultar incómodo; sin embargo, ayudará a que dejes de recibir comentarios no solicitados que te hagan dudar de este camino.

No hay una sola forma de poner límites, y la manera en que decidas hacerlo dependerá de diversos factores, tales como la relación que tengas con la persona, el contexto en que se haga el comentario, tu estado de ánimo en ese momento y tu fuerza para contestar. No tienes la obligación de responder a una agresión contra tu cuerpo, pues todos sabemos que es un asunto que nos vulnera muchísimo y puede llegar a paralizarnos. Aunque no contestes, es importante tener presente siempre que estos comentarios son inapropiados y constituyen un tipo de violencia normalizada. Nadie tiene derecho a hablar sobre tu cuerpo o tu forma de comer.

Te dejo aquí algunas recomendaciones que pueden ayudarte a establecer el límite:

- Las respuestas que des a los comentarios contra tu cuerpo pueden ser suaves, pero también sarcásticas o filosas. Tus respuestas pueden ir desde un "Te quiero pedir por favor que no vuelvas a hacer comentarios sobre mi cuerpo ni mi forma de comer" hasta un "Me pregunto por qué mi cuerpo te incomoda tanto, al grado de que tengas que hacerme este tipo de comentarios". Es cierto que la persona puede incomodarse con tu límite, pero recuerda siempre que fue ella quien lo propició.
- Si se trata de un familiar o alguna amistad, y si no pudiste reaccionar en el momento, siempre puedes establecer el límite después. También puedes mandar un mensaje diciendo algo como "Me incomoda que hables sobre mi cuerpo o sobre mi forma de comer. Quiero pedirte que no vuelvas a hacerlo".
- Si ya has intentado poner el límite y aun así la persona sigue transgrediéndolo, puedes optar por establecer una

consecuencia: "Recuerda que ya te dije que no quiero recibir ese tipo de comentarios. La próxima vez que los hagas me voy a parar y me voy a ir". Y si la situación se repite, intenta aplicar la consecuencia.

- Puedes también poner límites anticipados. Pienso en una paciente que antes de viajar a ver a su familia para las fiestas decembrinas escribió en el chat de su familia algo así: "Les quiero avisar que ahora que me vean notarán que he subido de peso. No quiero comentarios al respecto ni cuchicheos a mis espaldas. He dejado las dietas y esta es una decisión consciente y legítima. Me siento mejor que nunca y este peso es lo más sano que he estado, pues ya no me restrinjo ni tengo conductas compensatorias, ya no uso laxantes ni medicamentos para perder peso. Así que ya lo saben, ahora que me vean no harán falta miradas ni sugerencias de dietas. Espero que nos podamos centrar en el placer de reencontrarnos".
- Si se trata de una situación en la que existe una jerarquía de poder, puede ser un poco más complicado. Tal es el caso de un jefe o alguien en una posición superior. Si consideras que poner un límite pudiera traer consecuencias importantes para ti a nivel laboral o económico, sugiero que antes de actuar converses del tema con alguien más. Incluso puedes repetirte a ti misma que lo que esta persona está diciendo no está bien, escribir un texto con lo que te hubiera gustado responderle.
- El caso de los límites con los médicos igual podría ser desafiante. No solo nos enfrentamos a una jerarquía de poder, sino además queremos obtener de ellos una

respuesta y un tratamiento para nuestros problemas de salud. En estos casos puedo darte las siguientes recomendaciones, quizás alguna te sea de ayuda:

- Si tienes posibilidad de asistir anticipadamente con un médico que atienda bajo un enfoque no centrado en el peso, no dudes en hacerlo. Sé que es difícil encontrarlos y no abundan, pero por fortuna cada vez son más los profesionales de la salud que se unen a esta corriente. En la página web de Alicya, Asociación por la Liberación Corporal y Alimentaria,[55] podrás encontrar un directorio de profesionales en Iberoamérica que no se centran en el peso.
- Si te sientes vulnerada en consulta y tienes la posibilidad de que te acompañe alguien que pueda hablar por ti en un momento difícil y te dé seguridad, no dudes en pedírselo. Dile a esta persona lo que te gustaría que diga o haga por ti en caso de que la consulta comience a centrarse en tu peso.
- Si ya fuiste a consulta y el médico te hizo sentir incómoda o vulnerada por tu peso, y sobre todo si no dio respuesta a tus padecimientos y solo te mandó a perder peso, intenta cambiar de profesional mientras esté dentro de tus posibilidades. Sé que no todas las personas tienen la oportunidad de elegir a sus médicos y esto es también un privilegio.
- Si llegas a una consulta con un médico a quien no conoces, intenta poner límites de antemano: puedes expresar tu deseo de no ser pesada y explicar que tienes antecedentes de conductas alimentarias de riesgo. Puedes incluso decir que la sugerencia de tu

equipo de atención (psicóloga o nutrióloga) es que no se te pese y no se hable del peso en la consulta, ya que puede vulnerarte.

- Si el médico insiste en centrarse en tu peso, puedes hacerle alguna de estas preguntas: "¿Ha atendido usted a personas delgadas con este padecimiento? Me da curiosidad, ¿qué les prescribe a esas personas?". También podrías decirle algo como "He investigado y, por lo que sé, a la fecha no existe ninguna intervención que haya demostrado que se puede perder peso y mantenerlo a largo plazo. Quizás yo esté equivocada, pero si voy a intentar perder peso nuevamente, me gustaría que usted me muestre evidencia de alguna intervención que haya demostrado una pérdida de peso sostenible en la mayoría de quienes la implementaron". *Spoiler alert*: no la hay.
- Si no quieres confrontaciones, otra estrategia que puede funcionar con el fin de que obtengas el tratamiento que mereces consiste en decirle algo así: "Dado que perder el peso que me pide usted tomará tiempo, me gustaría saber qué otra cosa puede indicarme para empezar a tratar mi condición en lo que eso sucede". De esta forma, presionarás para que te indique el tratamiento que tienes derecho a recibir, independientemente de tu peso.
- Con los médicos también puedes establecer límites posteriores a la consulta. Puedes mandar un mail explicando cómo te sentiste en la consulta y expresando tu incomodidad.

A continuación, te comparto un email que mandó una de mis pacientes a su endocrinóloga después de trabajar algunas sesiones conmigo. Y recuerda siempre que poner límites es tu derecho, pero también tienes la libertad de decidir si quieres o no hacerlo. Ten en cuenta que, cuando una persona hace comentarios sobre tu cuerpo, esto habla de ella y no de ti. Repito: ninguna persona que se sienta cómoda con su cuerpo se mete con los cuerpos de los demás.

> Buen día, doctora.
> Deseando se encuentre bien, quería compartir con usted que he tomado la decisión de cambiar mi enfoque de alimentación hacia la filosofía de Salud en Todas las Tallas y Alimentación Intuitiva. Me es difícil escribir lo siguiente, pero quiero compartirle mi sentir, esperando que desde la empatía y haciendo el ejercicio de ponerse en los zapatos de su paciente pueda entender mi decisión.
>
> La última consulta que tuvimos fue dolorosa para mí. Entiendo que tal vez no la recuerde: fue el día 6 de mayo. Al principio todo iba normal, la revisión de rutina, e incluso usted me felicitó cuando revisó mis estudios del Quantose y vio que mi resistencia a la insulina estaba dentro de los parámetros normales. Sin embargo, su trato hacia mí cambió rápidamente al momento de pesarme, usted fue dura conmigo y me culpó cuando vio que los números en la báscula habían aumentado. Comenzó a interrogarme para saber si me había "portado mal", ya que para usted esos números eran una confirmación de que lo había hecho. Recuerdo muy bien su despedida: "Te quiero flaca para la siguiente consulta, pórtate bien". De acuerdo con sus palabras, entendí que estar *flaca* era lo importante, ya que en ningún momento

me mencionó la palabra *saludable*. Quiero pensar que lo que usted y yo buscábamos era mi salud, y mis análisis clínicos confirmaban que lo estábamos logrando.

Debo decirle que después de esa consulta no pude verme al espejo sin culparme y sentir vergüenza de mi cuerpo durante dos semanas. Incluso pensé en dejar de comer para lograr lo que usted me había pedido, ser *flaca*. Yo confiaba en usted y en sus conocimientos médicos, y por ende creía que usted tenía la razón, a pesar de que yo no había mentido: seguía con mi plan alimenticio, seguía haciendo ejercicio y seguía con mis medicamentos. Esto se veía reflejado en que el problema que buscábamos resolver, mi resistencia a la insulina, se estaba controlando.

Con esto que le comparto no intento victimizarme ni responsabilizarla del todo a usted por mi sentir después de la consulta. Pero cuando te han criticado toda tu vida (por no ser delgada), cuando te juzgan las personas en quienes confías que te ayudarán (médicos) y cuando te dan indicaciones generando en ti sentimientos de culpa y vergüenza, tu fuerza se va desgastando hasta el punto en que dejas de creer en tu propio criterio.

Créame, yo quería ser flaca a toda costa, desde mi adolescencia, porque reconozcamos que la delgadez conlleva muchos privilegios y connotaciones positivas que todos queremos alcanzar. Sin embargo, he podido constatar que mi cuerpo, por más restricciones, ejercicio excesivo y medicamentos que utilice, no es un cuerpo delgado.

Como esta no ha sido la primera vez que he trabajado por tener el peso "correcto", como he probado miles de planes alimenticios y medicamentos, como me he ejercitado a morir durante varias horas, como no puedo comer sin culpa y ansiedad, como veo los alimentos con miedo, creyendo que son el enemigo, como la sociedad me dice que mi cuerpo está mal basándose en números y letras para discriminarlo, tomé la decisión de parar con este mundo y escuchar a mi cuerpo, a mi mente y a mis sentimientos: escucharme ante todo a mí.

Afortunadamente, después de las difíciles semanas que siguieron a mi consulta, comencé a investigar y encontré los enfoques de Salud en Todas las Tallas y Alimentación Intuitiva, mismos que están respaldados científicamente y cuyos objetivos no se centran en el peso como indicador de salud, sino en la salud integral del individuo, la cual abarca la parte física y la mental. Le comparto algunos artículos en los que puede revisar las evidencias científicas que sustentan estos enfoques, así como los datos de contacto de mi nueva nutrióloga, a través de la cual puede conocer más. Se que a primera vista estas referencias pueden parecer incorrectas porque se contraponen con el concepto tradicional de salud, pero como una persona que ha vivido toda su vida buscando ser más delgada, doy testimonio de lo que predican.

Entiendo que, si la última recomendación que me dio fue que debía estar flaca y mi enfoque de salud no se centra en esto, es posible que nuestras consultas no resulten más, pero no quería solo dejar de asistir sin decir nada ni que usted pensara que me había rendido. Hoy más que nunca estoy comprometida con mi salud y mi bienestar integral.

Agradezco su atención durante las consultas, esperando que no tome este escrito como crítica, sino como una invitación a expandir el panorama en lo que respecta a la salud y la empatía. Porque estoy segura de que no soy la única de sus pacientes que se encuentra en esta situación, solo que muchas veces no nos animamos a compartir nuestro sentir por el poder que impone la bata blanca.

¿Y mi salud?

La salud es definida por la OMS como "un estado de completo bienestar físico, mental y social, y no solamente la ausencia de afecciones o enfermedades". Esta definición data de 1948 y me pregunto si no sería momento de revisarla. Bajo esta definición, ¿quién está saludable? ¿Quién en este mundo posee un estado de *completo* bienestar físico, mental y social?

La salud no es un destino final ni un lugar al que se accede siguiendo ciertas indicaciones. La salud es un continuo que varía con el tiempo. Habrá temporadas de nuestra vida en que tengamos mayor o menor salud, y la búsqueda de ella no debería ser una meta última ni un imperativo moral.

La Asociación para la Diversidad de Tamaños[56] y Salud (Association for Size Diversity and Health, ASDAH) tiene una definición de la salud que se desprende de algo mucho más complejo, y pugna porque todas las personas tengan acceso a ella: "La salud no puede ser la simple ausencia de enfermedad física o mental, alguna limitación o padecimiento. La salud existe como un continuo que varía con el tiempo y las circunstancias de un individuo. Debe ser concebida como un recurso disponible para todos sin importar las condiciones reales de salud y no como un objetivo de la vida misma. Perseguir la salud no debe ser un imperativo moral ni una obligación individual, y el estado de salud de cada quien no debe ser usado para juzgar ni oprimir ni determinar el valor de cada individuo".

La ASDAH es también esa asociación que aloja al movimiento de Salud en Todas las Tallas, un enfoque de la salud basado en ciencia, el cual busca descentralizar al peso, entendiendo que la salud va mucho más allá del número en la báscula. Los principios de HAES® se actualizaron en 2024, y son los siguientes:

- La atención y el cuidado de la salud constituyen un derecho humano indiscutible para todas las personas independientemente de su tamaño de cuerpo, incluyendo a aquellas que se encuentran en el extremo más alto del espectro de peso. Todas las personas, sin excepción, merecen un trato médico profesional y compasivo que nunca debería condicionarse a la pérdida de peso.
- El bienestar, el cuidado de la salud y la sanación son recursos colectivos pero también profundamente personales. HAES® promueve el cuidado mutuo y comunitario al tiempo que fomenta la autonomía entendiendo que cada persona tiene derecho a tomar sus propias decisiones con respecto a su propia salud y bienestar. Enfatiza también que cada individuo es el experto en su propio cuerpo.
- La atención en salud solo estará completa cuando quede liberada de sesgo de peso y gordofobia, y cuando tome en cuenta a personas con todos los tamaños de cuerpo. Es necesario desmantelar los sesgos hacia la gordura tanto a nivel individual como sistémico.

- La salud es un constructo sociopolítico que refleja los valores de la sociedad. HAES® busca la liberación colectiva de diversos sistemas de opresión para entonces redefinir el concepto de salud.

Salud en Todas las Tallas es un enfoque hacia la salud, pero también es un movimiento político. No solo intenta explicarnos que la salud va mucho más allá del peso, sino que pugna constantemente porque todas las personas tengan acceso justo y adecuado a la misma. Se manifiesta en contra de todo tipo de discriminaciones (haciendo especial énfasis en la discriminación por el peso) y llama a la concientización colectiva de las inequidades existentes en temas de salud. Es un movimiento de justicia social que pretende derribar sistemas de opresión que imposibilitan el desarrollo y el bienestar de los individuos.

Informarme y adentrarme en HAES® me permitió darme cuenta de muchos de los sesgos que yo tenía con respecto a la salud, la alimentación y el peso. Es probable que a estas alturas tú sigas teniendo muchas inquietudes sobre este tema, por lo que intentaré resumir algunos de los puntos más importantes:

- **Puedes mejorar tu salud sin necesidad de perder peso.** Cuesta trabajo entenderlo, pero basta un poco de sentido común para darnos cuenta de que así es. Si una persona deja de fumar, empieza a dormir mejor, asiste a sus consultas médicas y toma sus medicamentos, deja de beber alcohol, incluye más verduras en su alimentación y comienza a mover más su cuerpo, ¿no va a mejorar su salud, aunque no baje de peso?

En 2012 se publicó un artículo con datos recopilados de la Encuesta Nacional de Salud y Nutrición en Estados Unidos.[57] En él se evaluó el riesgo de mortalidad asociado con la presencia de hábitos saludables. El propósito de este estudio fue determinar la asociación entre hábitos de vida saludables (comer cinco o más frutas y verduras al día, hacer ejercicio regularmente, consumir alcohol con moderación y no fumar) y la mortalidad en una muestra grande y representativa de la población estadounidense, clasificada por su Índice de Masa Corporal. El estudio, que incluyó a más de 11 000 personas, concluyó entre otras cosas que el riesgo de mortalidad de las personas era prácticamente el mismo cuando estas incorporaban al menos un hábito saludable en su vida, independientemente de su IMC. Es decir, una persona que caía en rango ~~obesidad~~ y que practicaba al menos uno de estos hábitos, tenía un riesgo de muerte equiparable a las personas que caían en la categoría de ~~peso normal~~ y también practicaban uno de estos hábitos. El estudio deja ver que la salud podría estar mucho más ligada a los hábitos que al peso.

No existe una sola enfermedad que se presente de forma exclusiva en personas gordas. Si la gordura fuera la única causa de las enfermedades, estas no se presentarían en personas delgadas. Las enfermedades son multicausales y la etiología de cada una es compleja. Decir que la gordura es la causa de la enfermedad es la conclusión de un abordaje simplista a la ciencia sin comprender que asociación no es causalidad. Por otra parte, aunque creamos que la gordura puede contribuir o causar la aparición de ciertas enfermedades, debemos considerar que se trata entonces de un factor de riesgo y no una enfermedad *per se*. Y en caso de considerarlo un factor de riesgo, es uno no modificable, como la edad o el color de la piel pues, como he repetido incansablemente en este libro, no se ha demostrado que se pueda perder peso y mantenerlo a largo plazo.

- **Ninguna enfermedad se cura bajando de peso.** Si la pérdida de peso fuera la cura a un padecimiento, ¿por qué a las personas delgadas que lo tienen no se les manda a adelgazar? Gordura no es un diagnóstico y "pierde peso" no es un tratamiento.
- **Incorporar hábitos saludables a tu vida no necesariamente te hará adelgazar.** Esto es un mito tremendo. No es cierto que todas las personas que comiencen a hacer ejercicio, beban más agua, incluyan más frutas y verduras o empiecen a dormir mejor bajarán de peso. En la mayoría de los casos esto no sucede. Generalmente, para que haya una pérdida de peso significativa será necesaria una restricción calórica que no es sostenible a largo plazo.
- **Comer "mejor" no necesariamente implica comer menos.** La cultura de dietas te ha llevado a creer que comer "mejor" es comer lo menos posible. Eso es una mentira. Mejorar tus hábitos de alimentación incluso a veces implica comer más.
- **No existe un solo alimento o una sola forma de comer que pueda garantizarte la salud eterna.** La salud es algo muy complejo que depende de múltiples factores, la mayoría fuera de tu control. No puedes garantizarla por medio de tu alimentación.

La salud va mucho más allá de la salud física, abarca también la salud mental, social, financiera y emocional, entre otras. Querer controlar tu salud general por medio de la alimentación no solo es imposible, sino que puede poner en riesgo tu salud mental.

La realidad es que la salud de la población puede verse beneficiada si se erradican la gordofobia y el estigma de peso entre los profesionales de la salud. Los sesgos que tiene la comunidad médica hacia las personas gordas han contribuido a deteriorar la salud de las mismas. Diversas intervenciones han demostrado que un abordaje no centrado en el peso tiene implicaciones positivas en la salud,[58] de forma que, te lo diré de la manera más simple posible: no necesitas adelgazar.

En nombre de la salud

A lo largo de la historia se han popularizado y difundido prácticas riesgosas para adelgazar, que en algunos casos son barbáricas en nombre de la salud. Tal es el uso de laxantes, anfetaminas y otros medicamentos peligrosos, candados de mandíbula, mallas linguales, ayunos prolongados e intervenciones quirúrgicas con tremendos efectos secundarios que ponen en peligro la vida.

En últimos años, varios medicamentos para perder peso han sido aprobados incluso por la Administración de Alimentos y Medicamentos (FDA, por sus siglas en inglés) para después ser retirados del mercado por los terribles efectos secundarios que acarrean. Es el caso del Fen-Phen, un medicamento popular a inicios de la década de 1990 y que fue retirado del mercado en 1997 porque tenía hipertensión pulmonar y enfermedad cardiaca como efectos secundarios potenciales y fatales.

Tristemente, la historia sigue repitiéndose. Vemos que aparecen nuevos medicamentos que prometen ser la "solución" a la gordura y después terminan demostrando no solo su inefectividad a largo plazo (los índices de rebote suelen ser altísimos), sino sus lamentables efectos secundarios.

En países como México existe un nulo control sobre todo lo que se vende para perder peso. No solo no hay regulación, sino que México es, por ejemplo, el único país donde hasta 2023 se producía Redotex®, un medicamento prohibido por la FDA, vetado en un montón de países y con efectos secundarios letales comprobados. El Redotex® consta de cinco ingredientes: triyodotironina, aloína, atropina, diazepam y norpseudoefedrina. No por nada se ganó el nombre de "el cóctel mexicano". Apenas en mayo de 2023, la Cofepris retiró este peligroso medicamento del mercado después de que se vendiera indiscriminadamente por 24 años, causando serios daños a la salud de infinidad de personas.

Mientras la gordura siga considerándose una enfermedad, las farmacéuticas seguirán lanzando nuevos medicamentos con la promesa de ser la solución final a la gordura que quizás sean, tarde o temprano, retirados del mercado por su inefectividad o por sus efectos secundarios.

Unas de las prácticas más barbáricas que existen hoy en día y además se encuentran altamente normalizadas y en un tremendo auge comercial son las cirugías bariátricas. Este término engloba diversas prácticas que pueden ser más o menos invasivas, y cuyo objetivo es hacer que la gente adelgace a costa de lo que sea. Las más riesgosas, populares e invasivas son la manga gástrica y el bypass gástrico. En ambos casos, una buena porción del estómago es extirpada, de tal forma que un órgano sano es mutilado en nombre de la salud. Existe poca información disponible sobre los efectos a largo plazo de estas cirugías,[59] las cuales pueden llegar a alterar de forma severa no solo la salud digestiva sino la salud en general. Si bien en los primeros años muchas personas suelen vivir en una especie de luna de miel, al cabo del tiempo muchas empiezan a desarrollar complicaciones físicas y emocionales.

Mariana Den Hollander, escritora y activista de diversidad corporal y antigordofobia, se sometió a esta cirugía. Al cabo de unos años de su procedimiento, Mariana cobró conciencia de los daños a su salud como consecuencia de la misma. Antes de la intervención era una mujer gorda y sana, aunque todo el mundo se mostraba muy preocupado por su salud. Hoy es una mujer delgada, pero con múltiples problemas de salud derivados de la cirugía. Hoy, curiosamente, ya poca gente se preocupa por su salud.

Mariana entonces comenzó a investigar y se dio cuenta de la poca información que había al respecto. Prácticamente no hay estudios que hablen de las secuelas. A partir de ese momento se volvió una activista en contra de las cirugías bariátricas en redes sociales. En su cuenta de Instagram comenzó a hablar de su experiencia y se fue topando con más y más testimonios desgarradores de personas que han visto su salud y bienestar seriamente deteriorados después de estas intervenciones. Además, estas personas reciben pocas o nulas respuestas a sus problemas por parte de los médicos, pues la medicina hoy en día aún no tiene respuestas para muchas de las complicaciones que derivan de una alteración tan drástica a un órgano funcional. Cabe mencionar que muchos de esos individuos han recuperado incluso el peso perdido, pues según algunos estudios, el índice de recuperación del peso puede llegar hasta 50%.[60]

En su libro *La cirugía que más pesa*,[61] Mariana enumera solo algunas de las posibles complicaciones a la salud que acarrean estas cirugías, entre ellas: cálculos en la vesícula, anemia, deterioro de la salud dental, divertículos, pérdida de motilidad en el esófago, acidez y reflujo, desbalances tiroideos, diarreas constantes, estreñimiento, flatulencia severa, aumento en el riesgo de alcoholismo, aumento en el riesgo de suicidio, intensificación de Trastornos de la Conducta Alimentaria y osteopenia. Por supuesto, hay personas que no desarrollan estas complicaciones, pero como dice Mariana, la cirugía bariátrica es como una ruleta rusa y en cada pistola hay más de una bala. Nunca puedes saber lo que te va a tocar.

Los defensores de estas cirugías alegan que las intervenciones pueden revertir diversas condiciones de salud, como la diabetes. Es cierto que algunas personas con diabetes mejoran de forma importante el control de sus glucemias tras la cirugía. De hecho, en algunas los valores de glucosa se normalizan casi de forma inmediata tras la operación. Esto nos hace ver que no es la pérdida de peso lo que favorece la remisión, puesto que el peso no se pierde de forma inmediata. Lo que se cree es que los valores se normalizan a causa de la baja ingesta calórica tras la cirugía. Y esto es lógico: si la persona reduce de forma significativa su ingesta de carbohidratos, sus niveles de glucosa automáticamente bajarán.

Ahora, imaginemos por un momento que la cirugía bariátrica sí tuviera la facultad de curar una diabetes. ¿No sería mejor vivir con esta enfermedad, que hoy en día es bastante controlable, a pasar una vida sin medio estómago y con todas las consecuencias negativas que esto acarrea? La diabetes es una enfermedad sobre la que se ha hecho un montón de investigación y para la que existe una gama extensa de medicamentos que permiten su control. Es una condición que puede manejarse a través de terapia farmacológica y hábitos de salud, como movimiento, descanso y alimentación. ¿No sería más saludable para la persona recibir un tratamiento adecuado para su diabetes que amputarse el estómago? Además, si la cirugía bariátrica "cura" la diabetes, ¿por qué no se sugiere esta intervención a personas flacas con diabetes?

La realidad es que la cirugía bariátrica lleva, con mucha probabilidad, a que las personas vivan con un tracto digestivo alterado, en un estado de desnutrición crónica y padeciendo sus consecuencias. ¿De verdad creemos que la delgadez lo justifica?

Y entonces, ¿qué puedo hacer por mi salud?

El mundo que habitamos nos lleva a sentir que constantemente debemos estar haciendo cosas por nuestra salud, pero por más que hagamos parece que nunca es suficiente. Todos tenemos miedo a enfermar y a morir, eso forma parte de nuestra humanidad, y ante este miedo la idea de que existe una garantía de salud eterna es muy seductora. La industria del *wellness*, así como la de las dietas, ha sabido aprovechar ese miedo para vendernos la idea de que, si seguimos sus puntuales indicaciones, nuestra salud y longevidad estarán garantizadas.

La salud es algo complejo, y si bien hay cosas que podemos hacer para contribuir a ella, nada podrá garantizarla. Sin embargo, afortunadamente, la ciencia ha avanzado de tal forma que cada vez contamos con más herramientas para lidiar con la enfermedad. Estas son algunas de las cosas que podemos hacer por nuestra salud:

- En la medida de nuestras posibilidades, procurar tener un buen descanso.
- Asistir de forma responsable a consultas médicas en caso de necesitarlas.
- Si requieres algún medicamento, tómalo de forma responsable y disciplinada.
- Si quieres y te es posible, busca una forma de mover tu cuerpo que sea placentera.
- Fortalece tus vínculos. Sabemos que la soledad y el aislamiento social tienen un impacto negativo en la salud.
- Dale a la salud mental la importancia que merece. Si sientes que lo necesitas y tienes la posibilidad, acude a terapia.
- Aliméntate de forma intuitiva, sin reglas ni restricciones. En la medida de tus posibilidades, intenta incluir alimentos variados. Si tienes alguna condición de salud específica, busca a un profesional de nutrición no centrado en el peso.
- Haz cosas que disfrutes y te otorguen placer y bienestar. Esto puede variar, desde escuchar música, pasear con tu mascota y salir a tomar un helado con una amiga,

hasta darte un baño caliente. Créeme, todo esto contribuye a nuestra salud.

- Intenta poner límites y, si es necesario, rompe con relaciones tóxicas.
- Consume contenidos que se alineen con tus valores y evita los que te hagan sentir incómoda o insuficiente.
- Recuerda que la salud no se define por el peso y va mucho más allá de lo que comemos y el ejercicio que hacemos.

NOSOTRAS

Sanar en comunidad

Yo no puedo sola,
puedo porque estás vos,
porque estamos todas,
porque vamos juntas.

Me cansé de los libros de superación personal,
del "sí se puede".
No es cierto,
no puedo sola,
tampoco quiero sola.

Necesito red,
necesito vínculos,
necesito amor,
necesito fuerza,
nos necesito.
Necesito de los ojos de otra amiga
para sentirme ligera,
para sentirme una más,
para sentirme parte.
No quiero ser el centro,
no me interesa ser el centro.

Yo deseo hermandad,
una danza circular,
y propiciar un encuentro
de libertad,
igualdad
y sororidad.

Necesito tribu
CECILIA VALENTINI
Somos Cíclicas

Salir de la cultura de dietas y de un enfoque de salud centrado en el peso, rebelarnos a los mandatos corporales, luchar contra la gordofobia y abogar por la diversidad corporal es un trabajo que necesariamente debe hacerse de forma colectiva. Si bien cada persona requerirá de un trabajo profundo y personal para salir de la insatisfacción corporal en que nos sumergieron a todas, hay algo que queda bien claro: el amor propio no resuelve la opresión sistémica.

La inclusión de todos los tamaños de cuerpo, la lucha contra la gordofobia, la rebelión contra los mandatos corporales y el reclamo por un trato digno hacia todas las corporalidades es un asunto de justicia social. Retar a la cultura de dietas es algo que nos compete a todas las personas, pero sobre todo a las mujeres, ya que es sobre nosotras que se ha impuesto de forma mayoritaria el mandato de la delgadez. La lucha feminista no estará completa si en su agenda no incluye la pugna por terminar con restricciones alimenticias absurdas que se nos imponen en nombre de la salud.

Como ya lo mencionamos antes, Alicya es la Asociación por la Liberación Corporal y Alimentaria. Es un espacio colectivo de sanación para Iberoamérica. Es una entidad que fue conformada por mujeres hispanoparlantes que decidieron unirse para alzar la voz en comunidad, retando la gordofobia y reclamando un trato respetuoso y digno para todos los tamaños de cuerpo. En su página web es posible encontrar recursos y herramientas, así como un directorio de profesionales de la salud que trabajan bajo un abordaje no centrado en el peso. Alicya es un espacio seguro para las personas que buscan salir de la cultura de dietas y comenzar un camino de reconciliación con su cuerpo en compañía de otras personas.

Muchas mujeres que me consultan o me comparten su historia en redes sociales confiesan haber empezado su primera dieta en la infancia o en la adolescencia temprana. La doctora Anita Johnston, psicóloga especialista en Trastornos de la Conducta Alimentaria en adolescentes, afirma, "Así como las sociedades ancestrales poseen rituales de iniciación especiales para las niñas tras la aparición de la menarca, celebrando así el inicio de su transformación en mujeres, la sociedad moderna ha creado un ritual de transición hacia la adultez en las jóvenes, se le conoce como dieta".[62] Y es que lamentablemente, esta ha sido la cruda realidad para muchas mujeres, a quienes desde edades muy tempranas se les enseñó que "cuidarse" era sinónimo de restringirse, de dejar de comer y renunciar a los alimentos que se señalaban como prohibidos y pecaminosos.

La liberación corporal de las mujeres implica un trabajo colectivo y en comunidad. Requiere que seamos nosotras primordialmente quienes cobremos conciencia de la forma en que la restricción alimentaria impuesta como mandato representa una herramienta de control. Tal como lo dice Naomi Wolf en *El mito de la belleza*, "Una cultura obsesionada con la delgadez femenina no está obsesionada con la belleza de las mujeres, está obsesionada con la obediencia de estas. La dieta es el sedante político más potente en la historia de las mujeres: una población tranquilamente loca es una población dócil".[63]

Y es que una persona que no come lo suficiente, que pasa gran parte de su día pensando en comida, que vive obsesionada con cada bocado que mete a su boca y que vive odiando su cuerpo difícilmente tendrá la energía y recursos necesarios para acceder a los puestos de poder en nuestra sociedad y para ocuparse de las cosas realmente importantes. ¿Qué mujer podría llegar a dirigir un país mientras cuenta las almendras que se come o pesa los gramos de queso que va a ingerir? Como bien dijo Virginia Woolf en *Una habitación propia*, "Una no puede pensar bien, amar bien, dormir bien, si no ha comido bien".[64]

Sororidad corporal

La liberación corporal nos beneficiará a todas, independientemente del tamaño de nuestros cuerpos, pero beneficiará en mucho mayor medida a las personas gordas que han sido víctimas de la opresión sistémica y la discriminación. Todas las personas nos veríamos beneficiadas si de pronto amanecemos en un mundo donde la gordura no sea vista como indeseable, inadecuada y despreciable. Bajo ese escenario estoy casi segura de que todas abandonaríamos las dietas, las básculas, las restricciones alimentarias sin sentido.

La sororidad corporal es necesaria en los movimientos feministas. Terminar con las violentas jerarquías corporales y concientizarnos de los sistemas que nos llevaron a despreciar nuestros cuerpos es un paso indispensable en la liberación y la equidad. Es por eso que nuestros activismos deben incluir estos temas en la conversación para derrocar un sistema que nos ha llevado a vivir en un estado de hambre continua.

La inclusión de todos los cuerpos será posible en la medida que desmantelemos los sistemas de opresión, y en el caso de la gordofobia requiere de forma imprescindible que se aborden los siguientes aspectos:

1. **La diversidad corporal como parte de la naturaleza humana.** Cobrar conciencia de que los cuerpos gordos y los cuerpos flacos han existido siempre a lo largo de la historia. Basta con mirar obras de arte del pasado para constatar que los cuerpos gordos, al igual que los flacos, siempre han estado representados. Los cuerpos, por naturaleza, vienen en envases distintos. La gordura ha existido y seguirá existiendo siempre.
2. **Despatologización de la gordura.** Vencer a la gordofobia requiere que los cuerpos gordos dejen de ser vistos como enfermos. El estigma de peso en los servicios de salud y en la comunidad médica ha sido pieza clave en el desprecio y el rechazo a la gordura. Es necesario, por difícil que nos parezca, comprender que gordura no es sinónimo de enfermedad y delgadez no es sinónimo de salud. Se requiere que nos atrevamos a pensar fuera de la caja y entender la salud como un constructo complejo de múltiples áreas y determinado por diversos factores.
3. **Las dietas no funcionan ni funcionarán.** Es algo que debemos recordar, pues diariamente nos seguirán vendiendo una nueva fórmula para adelgazar. Es necesario que una y otra vez recordemos a dónde nos han llevado las dietas, tengamos muy presente que si las dietas funcionaran bastaría con hacer una en la vida, y que la industria de las dietas se ha empeñado en vendernos cientos de veces el mismo producto, haciéndonos creer que se trata de algo distinto e innovador.
4. **Las dietas son estados de hambruna voluntarios inducidos por un sistema que nos quiere delgadas cueste lo que cueste.** El déficit calórico es un estado de semihambruna que no es sostenible, pero además es in-

justo. Nadie tiene por qué pasar temporadas de su vida comiendo menos de lo que su cuerpo requiere.

5. **La industria de las dietas es un gigante multimillonario.** Comprender que una industria se enriquece perpetuando la idea de que todas las personas debemos adelgazar es un paso importante en la liberación. Darnos cuenta de que esta industria opera despertando en nosotras la insatisfacción corporal para luego vendernos el "remedio" a nuestros "defectuosos cuerpos" nos permite abrir los ojos y denunciar el impacto negativo que esto ha tenido en nosotras. La próxima vez que te sientas incómoda en tu cuerpo piensa quién puede estarse beneficiando de esa incomodidad.

Reclamemos nuestros derechos

La liberación corporal y alimentaria implica que colectivamente reclamemos derechos básicos que nos corresponden de nacimiento y que la cultura de dietas y los mandatos de delgadez vinieron a robarnos. Entre estos derechos están:

Nuestro derecho a comer lo suficiente todos los días de nuestra vida

La cultura de dietas nos llevó a pensar que le debemos al mundo restricción alimentaria. A creer que nuestros cuerpos no son confiables, que guiarnos por nuestras señales de hambre y saciedad es imposible, que somos comedoras voraces y necesitamos que alguien discipline nuestro apetito y le ponga límites. Nos llevaron a creer que somos insaciables y golosas, y que comeremos todo el día sin parar. Nos han llamado tragonas, indisciplinadas. Han dicho que no tenemos llenadera, que tenemos poca fuerza de voluntad, que nos hace falta echarle ganas y cerrar la boca.

La cultura de dietas nos ha robado el derecho a cubrir nuestras necesidades alimentarias básicas. Nos ha llevado a creer que debemos contar, medir, pesar, calcular y analizar meticulosamente cada bocado que ingerimos. Nos han llenado la cabeza de cálculos calóricos, de gramos de macronutrientes, de información nutricional y de miedos. Nos han vuelto expertas en lecturas de etiquetas, cálculos nutricionales y medición de porciones. Nos han ocupado la cabeza con estos temas, dejándonos poco espacio para otras cosas. Nos han enseñado a vivir con hambre y sin quejarnos.

Nuestro derecho a disfrutar el placer de comer

En la cultura judeocristiana, el placer se suele vincular con el pecado, al grado de que actos placenteros se han llegado a denominar pecados capitales, como sucede con la gula y la lujuria. Estas ideas nos llevan a la conclusión de que tener relaciones sexuales por placer, al igual que comer por placer, es pecado.

En la sociedad patriarcal, a las mujeres se nos ha hecho sentir culpa por experimentar gusto al comer y se nos ha llevado a creer que únicamente tenemos derecho a satisfacer nuestra hambre física. Se nos ha dicho, por ejemplo, "Aprende a distinguir hambre de antojo". Si pensamos un poco sobre este concepto popular, lo que nos dice es que comer por antojo es un error. ¿Y por qué no podríamos comerlo si se nos antoja? Además, es algo disparatado, es como si nos cuestionáramos ¿será que tengo sed o será antojo de agua? Qué más da si es hambre o es antojo. Si mi cuerpo me lo pide por el simple placer de disfrutar ese alimento, ¿por qué tendría yo que negárselo? Aquí me detengo para aclarar que, obviamente, esta lógica no aplicaría para personas con ciertas condiciones de salud en las cuales comer un cierto alimento atente contra su vida, como es el caso de una alergia alimentaria o una enfermedad celiaca.

Nuestro derecho a disfrutar el movimiento corporal

Mover nuestro cuerpo es un acto placentero por naturaleza. Basta observar a un infante para darnos cuenta de cómo disfruta bailando, corriendo, trepando y brincando. Mover nuestro cuerpo nos conecta con él, nos permite habitarlo de forma encarnada y nos genera sensaciones de placer. Cuando movemos nuestro cuerpo se liberan sustancias asociadas con el bienestar, como la dopamina, la serotonina y las endorfinas.

Sin embargo, el mundo del *fitness* ha quedado impregnado de la cultura de dietas y de la gordofobia, de forma que el ejercicio en últimas décadas ha pasado a verse como requisito para tener un cuerpo hegemónico, la tortura que hay que vivir para poder acceder a la delgadez, el castigo por haber comido o el requisito para comer el día de mañana. Además, se ha popularizado la absurda idea de que el ejercicio debe sufrirse para que cuente. Se nos ha hecho creer que, para que el movimiento "sirva", necesitamos hacerlo de manera sistematizada, en espacios diseñados para ello y muchas veces llegando a un agotamiento severo con la finalidad de demostrar que "sí se puede".

Y es así que los gimnasios están invadidos hoy de lemas del tipo "Hay que ganarse el desayuno de hoy" o "Hay que quemar lo que comimos el fin de semana", de tal manera que se han sembrado absurdas creencias colectivas del tipo:

- Si no duele, no sirve.
- Tengo que hacer ejercicio para permitirme comer.
- Si comí, tengo que compensarlo ejercitándome.
- El ejercicio tiene la única finalidad de adelgazar o modificar mi cuerpo.

Todas estas narrativas han provocado que infinidad de personas desarrollen una relación tóxica con el ejercicio, volviéndolo un mandato, una obligación cuasi militar o un castigo. Se nos hizo ver el ejercicio como una práctica de sacrificio y sufrimiento que provocó que muchas personas terminaran odiándolo, pero a la vez generando una tremenda sensación de culpa cuando no se hace.

Y aquí quiero ser bien clara: tú tampoco le debes ejercicio a nadie y, de hecho, tienes derecho a no hacer ejercicio. Sé que este tema puede ser muy controversial, así que trataré de explicarme: el movimiento corporal contribuye a la salud física y mental, por supuesto, pero si decides no hacerlo, no te vas a enfermar automáticamente. Quizás te sea más fácil entender esto con otro ejemplo: diversos estudios han encontrado una asociación entre la práctica de la meditación y un mejor estado de salud. ¿Esto quiere decir que las personas que no meditan se van a enfermar? ¿O que las personas que sí meditan se librarán seguro de cualquier enfermedad? ¿O que las personas deberíamos sentir culpa por no meditar? ¿O que el mundo debería decirles a las personas que no meditan que son irresponsables porque no cuidan de su salud?

El ejercicio, al igual que la meditación, es sin duda una de las prácticas que se asocian con un mejor estado de salud. Pero esto no significa que todas las personas puedan o quieran implementarlas ni que sea una obligación moral. Como ya dijimos anteriormente, la salud de cada quien es asunto de cada quien. Y si bien los profesionales de salud promovemos prácticas de salud, no nos corresponde avergonzar ni hacer sentir culpables a las personas por no implementarlas. Además, la narrativa de que hacer ejercicio es indispensable para la salud es capacitista. ¿Dónde quedan bajo esta óptica las personas que por alguna discapacidad motriz tienen limitado su movimiento? ¿O aquellas personas con largas y extenuantes jornadas laborales que no les dejan tiempo libre para el ejercicio?

Si has tenido en tu vida una relación complicada con el movimiento o si no tienes tiempo o ganas de hacerlo, o si bien aún no has encontrado algo que disfrutes hacer, tienes derecho a no ejercitarte. Es probable que, si te das permiso de no hacerlo, llegue el momento en que decidas hacerlo desde otro lugar y por otros motivos. He tenido entre mis consultantes a muchas personas que odiaban el ejercicio, pero se sentían culpables por no hacerlo. Muchas, cuando se dieron permiso de no hacerlo y cuando dejaron de verlo como una obligación, pudieron retomarlo desde otro punto, buscando un movimiento que les fuera placentero y en un espacio seguro.

Quiero aclarar que, con todo esto, no estoy incitando a la gente a no hacer ejercicio ni estoy recomendando no hacerlo. Simplemente estoy reconociendo que las personas tienen derecho a elegir esta práctica.

Ahora, si tu decisión es hacer ejercicio, es importante que te plantees hacerlo desde un lugar distinto al que la cultura de dietas nos ha impuesto. Realizar el ejercicio desde el placer de mover el cuerpo, desde el bienestar inmediato que sentimos al hacerlo, desde el deseo de sentir nuestro cuerpo y conectar con él, desde el deseo de fortalecerlo y volverlo más flexible, ágil y resistente, es algo muy distinto a hacerlo porque queremos adelgazar o alcanzar el cuerpo que se nos ha dicho es mejor tener.

Para empezar a mover tu cuerpo desde otro lugar, te invito a plantearte las siguientes preguntas:

- ¿Qué formas de mover tu cuerpo recuerdas que te hayan resultado placenteras en el pasado? ¿En qué espacios las implementaste?
- ¿Qué beneficios inmediatos percibes en tu cuerpo cuando te mueves?
- ¿Por qué te gustaría mover tu cuerpo?
- ¿Qué barreras se interponen entre tu deseo de mover tu cuerpo y el hecho de que logres hacerlo?

Muchas personas tienen relaciones asociadas con el trauma en temas de ejercicio. Las personas que han sido acosadas y molestadas en espacios deportivos, que han recibido burlas por sus cuerpos al practicar ejercicio, o también a quienes se les ha obligado a hacerlo para modificar su cuerpo, pueden tener mayor dificultad de reconectar con el movimiento desde otro lugar. Si es tu caso, es importante que seas muy compasiva contigo y te tengas mucha paciencia. Sanar toma tiempo y a veces requiere la ayuda de profesionales.

Si estás buscando reconectar con el movimiento desde otro lugar, hay algunas estrategias puntuales que pueden ayudarte:

- **Trata de buscar un espacio seguro para hacerlo.** Te será más difícil retomar una sana relación con el ejercicio si lo haces en un lugar donde percibas hostilidad hacia tu cuerpo. Si acudes a un gimnasio, pon tus límites de antemano y notifica a los entrenadores que no estás ahí con la intención de perder peso y no quieres que se haga ningún comentario sobre tu cuerpo ni tu alimentación. Si te es posible, busca espacios incluyentes y respetuosos para todos los cuerpos. Cada vez son más las personas del mundo del *fitness* que se unen a esta mirada.
- **Olvídate de cualquier monitor.** No es necesario que lleves cuentas de calorías quemadas ni de pasos o kilómetros recorridos. Mover tu cuerpo por placer no requiere que utilices dispositivos de control que te exijan llegar a un nivel o te provoquen culpa cuando no llegas.
- **Cualquier movimiento es benéfico para tu cuerpo.** No es indispensable que se trate de un ejercicio exhaustivo ni que se realice en un gimnasio forzosamente. Hacer jardinería, caminar en el parque, bailar en tu casa o pasear a tu mascota son ejemplos de actividades que pueden resultar placenteras y por supuesto te dan bienestar.
- **Reconoce los límites de tu cuerpo.** Si te sientes cansada a media rutina, date el permiso de parar. Si un día estás agotada o sin ganas de ejercitarte, no lo hagas. Permitirte el descanso es una parte fundamental para establecer una sana relación con el ejercicio.
- **No te compares con nadie.** Tu proceso y tu forma de mover tu cuerpo son asuntos tuyos y de nadie más, y no tendrías jamás por qué comparar el ejercicio que haces con el de otras personas.

Nuestro derecho a ocupar espacio

Este es un derecho fundamental de todas las personas. Tenemos derecho a existir, a mostrarnos al mundo, a ocupar espacios. Nuestro cuerpo no es algo de lo que debamos disculparnos ni algo que debiera impedirnos presentarnos ante el mundo.

Todas, absolutamente todas las personas, tenemos derecho a vivir la vida que queremos en el cuerpo que tenemos hoy. Las mujeres que han sido violentadas y oprimidas por no tener un cuerpo normativo merecen los mismos derechos que quienes se adhieren a los arbitrarios estándares de belleza.

Así que, todas las mujeres tenemos derecho a:

- **Presentarnos en cualquier evento social con el cuerpo que tenemos.** Ya basta de narrativas absurdas que nos digan que debemos adelgazar para nuestra boda, nuestra graduación, nuestros quince años o cualquier evento social al que hayamos sido invitadas. ¿Por qué deberíamos encoger nuestros cuerpos para mostrarnos en estos eventos? Terminemos de una vez por todas con este sinsentido.
- **Usar la ropa que se nos antoje en el momento en que se nos antoje.** Ya basta de que nos sugieran prendas que disimulen nuestros cuerpos o colores neutros que no llamen la atención. Todas tenemos derecho a usar todo tipo de prendas, independientemente de nuestro tamaño de cuerpo, edad, color de piel o estatura. Y esto incluye bikinis, minifaldas y *crop tops* si es lo que deseamos.
- **Tener las mismas oportunidades laborales, independientemente de nuestra apariencia.** Retemos y denun-

ciemos a las empresas que incluyen en sus requisitos "buena presentación" como una forma de decirnos que debemos lucir hegemónicas para acceder a esos puestos. Retemos las creencias de que ciertos trabajos solo son para mujeres jóvenes y hegemónicas. Cualquier puesto laboral debería ser otorgado con base en las capacidades de las solicitantes, no en su apariencia.

- **Comer en público lo que se nos antoje.** Ya basta de que a nosotras se nos asocie con las ensaladas y a ellos con la pizza. Tenemos derecho a comer cualquier alimento sin vergüenza ni pudor. La comida no tiene valor moral y no existen comidas de mujeres y comidas de hombres, eso es solo otro invento más del patriarcado. Tenemos derecho a comer pizza o ensalada, o también pizza y ensalada, a comer postre, a pedir raciones grandes y a comer sin que nadie juzgue nuestras elecciones.

Nuestro derecho a mostrar nuestros cuerpos como son

La violencia estética se ha encargado de hacernos creer que aspectos completamente normales de nuestra apariencia, como la celulitis, son defectos o fracasos personales.

La palabra *celulitis* se refiere a la apariencia abultada de la piel en los muslos y glúteos. Es algo que ha existido siempre, pero que hasta hace poco no tenía un nombre para definirse porque no era considerado un problema. La primera vez que la palabra se usó fue en 1873, en un diccionario médico francés. Esta publicación no se refería a lo que hoy conocemos como celulitis, sino a un estado de inflamación o infección de las células o los tejidos del cuerpo. En abril de 1968, la revista norteamericana *Vogue*[65] fue el primer medio impreso en inglés en publicar la palabra celulitis, pero esta vez vinculándola con esa apariencia de piel de naranja que presentamos entre 80% y 90% de las mujeres,[66] convirtiéndola en una enfermedad inventada.[67] *Vogue* incluía el siguiente titular en su portada: "Celulitis, la nueva palabra para denominar la grasa que no has podido perder". De esta forma, se creó una nueva preocupación y una nueva necesidad en las mujeres: erradicar de su cuerpo algo completamente normal e inofensivo.

Esta enfermedad inventada ha permitido que florezca un negocio que en 2022 generó ganancias de $1 250 millones de dólares y se estima que para 2030 alcance los $2 400 millones.[68] Para poner en contexto esta cantidad, imagina que, si tuvieras $2 400 millones de dólares, podrías comprar unos 24 000 coches Tesla Model S, uno de los vehículos eléctricos más populares del mundo, con un precio base de alrededor de $100 000 dólares. Y sobra decir que todos los remedios que se venden para "combatir" la celulitis no funcionan. Ninguno ha demostrado ser efectivo curando algo que ni siquiera requiere ser curado.

Y es de esta misma forma que constantemente se nos crean inseguridades nuevas al tiempo que se nos venden "remedios" para esos "defectos" inventados: cremas para las estrías, blanqueadores para las axilas, cremas antiarrugas, cirugías de senos y hasta cirugías vulvovaginales, pues parece que también existe una sola forma correcta de tener una vulva, a la que todas deberíamos aspirar.

Curiosamente, las exigencias estéticas y de belleza que se imponen a las mujeres han sido creadas, promovidas y difundidas sobre todo por hombres, mismos que suelen ser también los dueños de los negocios que venden la cura a esos "defectos".

En su libro *Bellas para morir*, Esther Pineda nos hace ver cómo esta preocupación constante por los detalles de nuestra apariencia "nos mantiene sujetas en los espacios privados, ocupadas, distraídas y alejadas de los espacios de poder y toma de decisión", y es que, como dice Esther, los estándares de belleza "han sido construidos e impuestos con fines políticos, económicos, sociales y comerciales, en el contexto de una sociedad patriarcal que considera a la mujer un objeto y un sistema capitalista que la considera un negocio; que exige y promueve en las mujeres la modificación estética y corporal y que las induce a estar bellas para morir".[69]

La única forma de salir de esta violencia contra nuestros cuerpos (y contra nuestra economía) es de forma colectiva. Debemos tomar conciencia de estas imposiciones que se nos establecen de forma arbitraria y que nos llevan a vivir en una guerra contra nuestros cuerpos, una guerra que incluso se muestra explícitamente como tal en el lenguaje bélico que suele utilizarse en la publicidad de estos "remedios a nuestras imperfecciones": "COMBATE la celulitis", "ERRADICA para siempre tus estrías", "ACABA con esas arrugas".

Reclamar el derecho a mostrar nuestros cuerpos como son, retar los mensajes que los nombran como "defectuosos" y visibilizar los mandatos corporales es algo que tenemos que hacer en comunidad y sororidad. Si no lo hacemos nosotras, nadie más lo hará.

Nuestro derecho a que nuestro cuerpo cambie

Nuestros cuerpos no son estáticos. Crecen y se transforman para adaptarse a diferentes circunstancias de la vida. Desde el día en que nacemos, nuestros cuerpos comienzan a cambiar y nunca terminan de hacerlo. Sin embargo, a las mujeres solo se nos permite cambiar en ciertas etapas y hasta ciertos límites. Nuestro cuerpo en la adolescencia puede ensancharse, pero solo un poco, lo menos posible. Nuestros senos pueden crecer, pero de una forma uniforme y de preferencia siguiendo ciertos patrones: ni muy grandes ni muy chicos, firmes y levantados. Nuestro peso debe mantenerse siempre dentro de cierto margen, y si hay cambios, se nos señalará y juzgará, especialmente si aumenta. Nuestro envejecimiento debe pasar desapercibido o disimularse lo más que se pueda: las arrugas y las manchas deberán ocultarse y las canas teñirse.

El control es tal que, incluso en el embarazo, el único momento de la adultez cuando se nos permite que el cuerpo cambie, se nos vigila y se nos sanciona cuando nos salimos de los parámetros establecidos. Es cierto que los cambios de peso durante el embarazo pueden llegar a ser indicadores de ciertas condiciones y una ganancia pobre o excesiva de peso podría ser motivo de preocupación o de indagación. Sin embargo, en la mayoría de los espacios médicos y reproductivos, la vigilancia del peso en esta etapa ha llegado a ser tremendamente rígida y hasta policiaca. Se asume que las mujeres tenemos la capacidad de controlar cuánto subimos cada mes y se nos suele regañar y asustar cuando nos salimos de lo que los médicos consideran apropiado.

Es importante saber que las tablas que establecen las recomendaciones de ganancia de peso durante el embarazo son guías señaladas por la ahora llamada Academia Nacional de Medicina de Estados Unidos, y fueron creadas mayoritariamente por hombres. La ganancia de peso recomendada se estima con base en el Índice de Masa Corporal pregestacional y no se toma en cuenta la edad, el número de embarazos previos, la raza ni los antecedentes étnicos.[70] Personalmente, me parece absurdo e incluso irresponsable que a todas las mujeres del mundo, en su infinita diversidad, se les asigne la misma meta de ganancia de peso. ¿De verdad creemos que podemos recomendarle la misma ganancia de peso a una mujer que se está recuperando de un TCA que a una que no tiene esta condición? ¿A una de 20 años que a una de 40? ¿A una mujer caucásica que a una afrodescendiente? Y sobre todo, ¿creemos que las mujeres podemos elegir cuánto peso subir? ¿Cuánta ansiedad nos produce saber que no estamos encajando en estas recomendaciones? ¿Cómo se afecta nuestra salud mental cuando nuestro médico nos regaña por haber subido demasiado? ¿Cómo impacta esto en nuestra alimentación posterior? ¿Cuántas mujeres embarazadas hacen dieta por miedo a subir "más de lo que deben"? ¿En realidad creemos que es saludable que una mujer se subalimente con esta finalidad?

Más allá de eso, esta cultura de control nos ha hecho creer que subir lo menos posible cuando estamos embarazadas es un triunfo. A tal grado que decirle a una mujer gestante que "no parece embarazada" es un elogio. Muchas mujeres durante su embarazo viven aterradas por la ganancia de peso y horrorizadas ante el cambio de su cuerpo. Hay algunas que incluso han llegado a renunciar a la maternidad por temor al aumento de peso.

Por otra parte, en cuanto el embarazo termina, se nos exige volver cuanto antes al mismo cuerpo que teníamos o incluso a "aprovechar" la baja de kilos para "tomar vuelo" y seguir bajando. Se nos avergüenza y humilla por mostrar huellas de la gestación, y se nos presiona para eliminarlas de inmediato. Además, se nos hace creer que está en nosotras hacer que nuestro cuerpo luzca exactamente igual que antes.

Otra etapa en la que se nos suele avergonzar mucho por cambios corporales naturales es la menopausia. En esta faceta, los cambios hormonales que ocurren nos llevan a ganar peso de forma natural,[71] nuestro cuerpo cambia y acumulamos más grasa alrededor del abdomen. Esto es bastante común y no es algo que podamos ni debamos evitar. Es importante normalizar estos cambios y retar todos los mensajes que nos hagan sentirnos avergonzadas de que ocurran.

Además, diversos estudios sugieren que esta acumulación extra de grasa, completamente normal en esa etapa, puede ser un factor protector contra la osteoporosis y la desmineralización ósea.[72] Se sabe que las células grasas (adipocitos) contribuyen a la producción de estrógenos a medida que los ovarios dejan de hacerlo. Esto ayuda a atenuar los síntomas de la menopausia y contribuye a la salud de nuestros huesos en esta etapa.

De forma constante recibo testimonios de mujeres en sus 40 o 50 que se sienten frustradas y tristes al ver que su cuerpo y su peso cambia. Los médicos incluso suelen regañarlas por un aumento de peso que es completamente natural y no controlable. Es así que muchas mujeres continúan la lucha contra su cuerpo hasta edades avanzadas, sin poder llegar nunca a ese cuerpo que les dijeron que debían tener.

Los Trastornos de la Conducta Alimentaria en la agenda feminista

Dice Naomi Wolf en su libro *El mito de la belleza*, "El culto a la pérdida de peso recluta a mujeres desde una edad temprana, y los trastornos alimentarios constituyen su legado. Estos trastornos son enfermedades femeninas".[73]

Los Trastornos de la Conducta Alimentaria (TCA) son enfermedades serias. La anorexia nerviosa es la enfermedad mental con mayor índice de mortalidad. El riesgo de muerte por anorexia es más del doble que la tasa de muerte por esquizofrenia, casi el triple que la tasa de trastorno bipolar y más del triple que la tasa de muerte por depresión.[74]

Si bien es cierto que los TCA pueden ocurrir en cualquier identidad de género, las estadísticas demuestran que se presentan con mucho mayor frecuencia en mujeres.[75] En Estados Unidos, la prevalencia de Trastornos de la Conducta Alimentaria en mujeres es el doble que en hombres.[76] En contraste, en España se estima que 90% de las personas afectadas por estos trastornos son mujeres.[77] Los TCA tienen etiologías complejas que se correlacionan con cuestiones biológicas, genéticas, ambientales y de personalidad. En lo que se refiere a los factores ambientales, quizás el detonador más grande sean las demandas sociales de delgadez.

La cultura de dietas y los mandatos de delgadez han contribuido de forma alarmante al aumento de la incidencia de estos padecimientos. Se estima que 35% de las personas que hacen dietas terminan siendo dietantes crónicos, y de ellas 20% a 25% terminarán desarrollando un TCA en algún momento de su vida.[78]

Los TCA se han manifestado de forma predominante en las sociedades industriales avanzadas, aumentando de forma importante su prevalencia en últimos siglos. Si bien algunos casos individuales se documentaron en momentos previos de la historia, eran poco frecuentes. Es hasta mediados del siglo XIX que la anorexia nerviosa se describe por primera vez como una epidemia menor.[79]

Para entender el gran impacto que puede tener el entorno en el desarrollo de los TCA podemos recurrir al ejemplo de Fiji. Fiji es una isla donde, hasta hace algunas décadas, los cuerpos gordos eran celebrados y considerados bellos y sanos. Los trastornos de alimentación y los problemas de imagen corporal eran prácticamente inexistentes hasta antes de 1995, año en que recién llega la televisión a la isla. Los programas que se transmitían en ese entonces en el único canal que existía eran series americanas o británicas, del tipo de *Melrose Place* y *Beverly Hills 90210*.

La doctora Ann Becker, investigadora de Harvard, realizó una comparativa entre 1995 y 1998, tres años después de que estos programas comenzaran a ser vistos por las jóvenes de la isla. Los resultados fueron los siguientes: hasta antes de 1995, prácticamente nadie hacía dieta en la isla y los Trastornos de la Conducta Alimentaria eran inexistentes. En 1998, 76% de las jóvenes entrevistadas manifestaron sentirse "demasiado gordas", mientras que 15% reportaron haber vomitado para controlar su peso. Las jóvenes refirieron querer parecerse a las modelos delgadas que veían en televisión y preocuparse por el tamaño de su cuerpo, cosa que no pasaba antes.[80] En 2007, Becker realizó otro estudio que demostró cómo 45% de las jóvenes entrevistadas usaban algún tipo de purga para perder peso.[81]

Y es que la cultura juega un papel determinante en el desarrollo de estos trastornos. La cultura no solo nos ha enseñado a las mujeres a sentirnos inseguras en nuestros cuerpos, sino que constantemente nos manda el mensaje de que la delgadez es glamorosa y poderosa. Vivimos en un mundo donde las dietas rigurosas y el ejercicio intenso son un requisito para pertenecer y ser aplaudidas. Las chicas comienzan a edades cada vez más tempranas con estos rituales, pues viven con un miedo constante a dejar de ser atractivas. Terminar con la cultura de dietas y con la idealización del cuerpo delgado es un elemento fundamental en la prevención de los TCA.

Además, es indispensable visibilizar que la cultura de dietas normaliza e incluso prescribe conductas alimentarias de riesgo como si fueran algo saludable. A las personas gordas se les hace creer que conductas como contar y medir la comida, restringir, ayunar o compensar lo que se come es algo adecuado. De hecho, estas conductas, consideradas patológicas o problemáticas en personas delgadas, suelen ser aplaudidas en las gordas. Como dice Deb Burgard, "Solemos prescribir a las personas gordas las conductas que diagnosticamos y tratamos de curar en personas flacas".

Considero que es imperativo que los TCA se incluyan en la agenda feminista. Si estos trastornos nos afectan primordialmente a nosotras, habría que preguntarnos de forma profunda por qué. Cuestionar los mandatos de la delgadez es denunciar un sistema heteropatriarcal que nos ha llevado a normalizar el vivir con hambre. Además, si 90% de quienes padecen un TCA son mujeres, no es porque nosotras seamos biológica o genéticamente más susceptibles a tenerlos, es porque sobre nosotras recae en particular la presión violenta de la delgadez , porque a nosotras se nos humilla de forma mucho más violenta si engordamos, porque a nosotras se nos pone a dieta a edades más tempranas, porque a nosotras se nos ofrecen menores oportunidades laborales si engordamos, porque el mundo nos grita constantemente que solo tenemos derecho a una vida digna si somos delgadas.

Aquí no hay medias tintas, el asunto es radical

Constantemente recibo críticas, sobre todo en redes sociales, porque me consideran muy radical. La palabra *radical* significa "de raíz". Así que lejos de tomármelo como una afrenta, lo veo como un halago. Y es que sí, esta lucha es radical o no es. La gordofobia debe arrancarse de raíz, la cultura de dietas debe eliminarse por completo, la lucha por el respeto a la diversidad corporal no puede ser a medias.

Es lamentable, pero en algunos espacios los mensajes de liberación corporal, de Salud en Todas las Tallas y del enfoque no centrado en el peso se empiezan a utilizar a medias tintas y de forma oportunista porque están haciendo eco en algunas comunidades. Asimismo, algunos profesionales de la nutrición han empezado a cooptar fragmentos del discurso antidieta para seguir vendiendo más de lo mismo. Es así como encontramos mensajes ambiguos y confusos que te hablan de aceptarte para así lograr adelgazar, o que te invitan a escuchar tus señales de hambre y saciedad para por fin llegar a tu peso "ideal". Es importante que sepas que, si te hablan de porciones o alimentos prohibidos, comidas libres, pesos ideales o de alcanzar tus objetivos, se trata de una dieta más disfrazada de otra cosa. De igual manera, si ese profesional utiliza las palabras ~~sobrepeso~~ y ~~obesidad~~, si te pesa para ver "avances", si te hace mediciones corporales o te habla de porcentajes ideales de grasa y músculo, entonces sigue siendo alguien que trabaja bajo un enfoque centrado en el peso.

También es común encontrar mensajes que denuncien el estigma del peso y la gordofobia, que hablen de tratar a todas las personas con el mismo respeto y dignidad, pero a la vez sigan promulgando la idea de que la ~~obesidad~~ es una enfermedad a combatir. Mientras se siga patologizando la gordura, mientras se siga promoviendo la idea de que las personas deben adelgazar por salud y mientras no se deje a las personas gordas vivir sus vidas en sus cuerpos gordos, se seguirá perpetuando un enfoque centrado en el peso y se seguirá haciendo daño.

De forma particular, me indigna ver cómo estos mensajes de liberación corporal son cooptados en gran medida por entidades que siguen lucrando y sacando provecho de la patologización de la gordura. Tal es el caso de algunas de las grandes farmacéuticas que fabrican medicamentos para perder peso o de diversas asociaciones de médicos y cirujanos bariatras que siguen vendiendo la pérdida de peso como la solución a todos los problemas de salud. Hoy en día es muy común que estas empresas y asociaciones manifiesten públicamente estar en contra del estigma del peso, que denuncien la gordofobia e incluso digan que la gordura no es una elección ni algo que dependa de los hábitos de una persona. Suelen aceptar que el peso de una persona es algo complejo y determinado por múltiples factores, pero a la vez continúan argumentando que es imperativo ver la forma de acabar con la gordura.

Desde hace varias décadas, diversos gobiernos e instituciones han declarado la guerra contra la ~~obesidad~~. Con un lenguaje bélico se invita a luchar para terminar con la existencia de los cuerpos gordos en el mundo. Pero reflexionemos: ¿cuántos años llevan los gobiernos, las instituciones, los médicos y diversas asociaciones con esta lucha? ¿Cuántas veces les han llamado a las personas gordas "epidemia"? ¿Cuántas asociaciones se han formado explícitamente con el fin de terminar para siempre con las personas gordas? ¿Cuántas formaciones académicas profesionales han sido creadas también con este fin? ¿Cuánto dinero se ha destinado a investigar de qué manera las personas gordas pueden desaparecer? Llevamos muchos años ya con estas prácticas normalizadas. ¿En verdad no nos damos cuenta de lo violento que es esto? ¿Nadie más nota que declararle la guerra a la gordura es declararle la guerra a millones de seres humanos? Pero además, ¿no nos damos cuenta de que todos estos esfuerzos han sido (afortunadamente) inútiles, dado que las personas gordas siguen existiendo?

¿Qué pasaría si toda esa energía, tiempo y recursos destinados a esta guerra inhumana que pretende acabar con un grupo de personas los dedicaran a cosas que realmente trajeran beneficios a la sociedad y al mundo? La lucha no debe ser contra las personas gordas, la lucha debe ser contra la gordofobia, contra la discriminación y contra la desigualdad, y esta lucha necesariamente debe ser radical.

La lucha es contra el sistema

Es importante que esto quede muy claro: la lucha por la liberación de nuestros cuerpos no es contra el individuo, es contra el sistema.

- No se trata de estar en contra de las personas que hacen dieta para perder peso, sino de un sistema que nos hace pasar la vida persiguiendo la delgadez.
- No se trata de estar en contra de las mujeres que se someten a cirugías cosméticas, sino del sistema que nos hace creer que nuestros cuerpos son imperfectos y requieren "arreglarse" con estos procedimientos.
- No se trata de estar en contra de los profesionales de la nutrición que prescriben dietas para perder peso, sino de las formaciones académicas que los llevaron a creer que eso es lo que les tocaba hacer.
- No se trata de estar en contra de la comunidad médica que pide a los pacientes que bajen de peso, sino de la educación peso-centrista que se imparte en las escuelas de medicina.
- No se trata de estar en contra de las personas que se someten a cirugías bariátricas, sino del sistema que les orilló a tomar esa decisión para escapar de la gordofobia.

- No se trata de estar en contra de los hombres, sino en contra de un sistema patriarcal que nos ha hecho creer que, como mujeres, nuestro valor reside de forma importante en nuestra apariencia.

Es relevante aclarar que yo no considero que la industria de las dietas se base en un sistema de conspiración. En absoluto pienso que un grupo de hombres se reunió alrededor de una mesa y decidió patologizar la gordura para lucrar y enriquecerse. El enfoque de salud centrado en el peso es fruto de infinitas variables que se han conjuntado e interseccionado a lo largo de muchos años, años de narrativas colectivas uniformes que solo apuntaban al mismo lugar y no se cuestionaban, años de una construcción de la ciencia desde una mirada patológica de los cuerpos gordos, años de sesgos colectivos altamente interiorizados, años de vivir en una cultura heteropatriarcal con discursos que pretendieron jerarquizar los cuerpos, años de una estructura capitalista que asumió discursos de una falsa meritocracia donde se creyó que tener el "cuerpo perfecto" era cosa de echarle ganas.

Desprendernos de tantas creencias no es fácil, y no es algo que se logre de la noche a la mañana. Pero, definitivamente, el camino nos será mucho más sencillo si las estructuras de poder y los sistemas que sostienen los discursos de opresión hacia los cuerpos comienzan también un proceso de deconstrucción y transformación.

Hay esperanza

El nosotros se agranda cuando lo que antes era subversivo o transgresor se establece como normal; cuando quienes se encuentran fuera de las murallas se despiertan un día dentro de ellas y olvidan que una vez estuvieron en otro lugar.

REBECCA SOLNIT

Pese a todo, hay esperanza.

Porque cada día son más las personas que se atreven a alzar la voz y denunciar la cultura de dietas.

Porque cada vez hay más profesionales de la salud que se abren a un nuevo paradigma y cuestionan sus creencias y sus prácticas.

Porque cada vez hay más investigación científica centrada en la salud y no en el peso.

Porque cada vez cobran más fuerza los movimientos de liberación corporal.

Porque cada vez vemos más representación de cuerpos diversos en los medios.

Porque cada vez hay más líneas de ropa que entienden que no hacer tallas para todas las personas es discriminación.

Porque cada vez son más los espacios donde se habla de un enfoque de salud no centrado en el peso.

Porque cada vez hay más formaciones en nutrición que incluyen en su currículo temas de diversidad corporal y Salud en Todas las Tallas.

Porque cada día somos más las personas que cuestionamos, denunciamos y retamos al sistema.

Porque cada día, pasito a pasito, nos acercamos más al cambio.

Y es así que, poco a poco y con pequeños pasos, nos acercamos más a la otra isla, a la de la liberación corporal, a ese espacio donde por fin podemos vivir de otra forma, a ese lugar donde habitamos nuestros cuerpos sin juicios y en libertad, y donde nos olvidamos de las jerarquías corporales. Esa isla donde no hacemos más dietas, donde disfrutamos de los alimentos sin culpa y sin juicio, y donde nos olvidamos de la policía de la comida y de la jerarquía corporal. Ese lugar donde logramos desprendernos de muchas de nuestras creencias y construimos una nueva mirada colectiva que celebra y respeta la diversidad corporal en todo su esplendor.

La isla de la liberación es un destino al que queremos llegar colectivamente. Porque a medida que seamos más quienes caminemos hacia ella, más rápido nos acercaremos a una sociedad más justa y a un mundo mejor. Este trabajo nos requiere y nos compete a todas, independientemente de nuestra identidad de género, edad, etnia, nacionalidad o tamaño de cuerpo. Caminemos juntas hacia la isla.

Reconocimiento especial

La información incluida en este libro es fruto de un meticuloso proceso de deconstrucción, investigación y documentación. Este texto no existiría sin el aporte y la inspiración de innumerables mujeres cuyas contribuciones precedieron y enriquecieron mi labor, otorgándome herramientas y recursos esenciales para mi propia transformación. Quiero destacar a los activismos gordos, cuya valiente lucha ha abierto caminos hacia una nueva conciencia, cuestionándonos, incomodándonos e invitándonos a cambiar nuestra perspectiva. También quiero agradecer a las académicas y profesionales de la salud que transitaron este camino antes que yo y quienes fueron guía e inspiración en mi propio proceso.

El libro que tienes en tus manos es el resultado de un trabajo colectivo del que cada una de ellas ha formado parte. Yo soy solo una integrante más en esta conversación, pero me llena de esperanza ver que cada vez somos más quienes nos alineamos con un enfoque de salud no centrado en peso y nos unimos a la lucha contra la gordofobia y el estigma de peso. Entre estas páginas, he citado obras, fuentes y nombres de personas cuyas ideas y trabajos refuerzan este enfoque, intentando abarcar la diversidad de voces que contribuyen al diálogo sobre la liberación corporal, Salud en Todas las Tallas, y la lucha contra la gordofobia. Te invito a seguir indagando y explorando más allá de este libro, buscando perfiles en redes sociales, libros y otros recursos que profundicen en estos temas. De igual forma, en mis redes continuaré recomendando materiales y recursos que abonen a este movimiento. Mi deseo es que estos espacios sirvan de puente para que encuentres aún más apoyo, inspiración y comunidad.

Recursos

¿Cómo puedo ser una mejor profesional* y/o aliada antigordofobia?

En esta lucha es fundamental escuchar a las personas gordas para entender qué esperan de nosotras, las personas delgadas. Su perspectiva es indispensable para entender cómo podemos apoyar de manera efectiva y respetuosa, sin caer en el paternalismo ni en el protagonismo. Por eso, te recomiendo leer el texto de Mónica González, activista en contra de la gordofobia, que te comparto a continuación. Ella explica claramente lo que se espera de los aliados delgados:

1. Sé nuestro altavoz, no nuestro portavoz.
Usa tu privilegio para darnos voz. No te adueñes del discurso ni lo protagonices; agradecemos mucho su apoyo, pero es necesario que lideremos nuestra propia lucha. Por el propio sistema de privilegios, a nosotras nos cuesta mucho más ser vistas y escuchadas, que nos crean, y ser vistas como autoridad. Comparte experiencias y conocimientos de personas gordas. Si tienes redes, ofrece espacios en tus publicaciones,

* La mayor parte de este escrito puede ser para cualquier persona que quiera ser aliada.

podcast, etc. Si das formación, asóciate con otras personas, con otras profesionales activistas gordas. Recuerda que las gordas debemos ser las protagonistas de la lucha.

2. Escucha a las personas gordas.
Que se oiga nuestra voz, que se considere como válida, es una cuestión de justicia social. Escucha con el corazón, comprende y empatiza con nuestro sufrimiento. Desde el amor, podemos comprender y ayudar mucho mejor.

3. Fórmate e infórmate.
Lee libros, investigaciones y/o escritos de autoras gordas. Apúntate a formaciones hechas por gordas. Promociona actividades, formaciones y/o encuentros de gordas, aunque no sean mixtos.

4. Trátanos de manera horizontal.
Apóyanos sin victimizarnos. No trates de salvarnos. Acompáñanos sin caer en el academicismo ni la condescendencia.

5. Cita a las fuentes gordas de las que te nutres.
No perpetúes el sistema de privilegio y da el lugar que deberían tener todas esas personas que dedican su tiempo y recursos a aportar teorías e investigación a la causa.

6. Aprende a lidiar con la incomodidad del privilegio delgado.
Es importante que aprendamos a trabajarnos este malestar, la incomodidad de sentirnos privilegiados y no caer en la culpabilización. También, procurar ser interseccionales a la hora de trabajar y de divulgar. Nunca pongas tu incomodidad de privilegio por delante del que surge de una discriminación

como la gordofobia. Recuerda que estamos hablando de cuestiones colectivas; no estamos comparando sufrimientos individuales.

7. Mantente alerta.
A veces creemos que por haber tomado conciencia y aprendido lo que es la #gordofobia, ya lo tenemos todo hecho. Nada más lejos de la realidad, la gordofobia es una opresión tan interiorizada y normalizada que nos acompaña cada día y se cuela por cualquier resquicio si no estamos atentas.

8. Ten siempre presente la perspectiva gorda en tu práctica.
Cuestiónate cada día y date cuenta de que existen vivencias, traumas y problemas específicos que conforman el contexto de las personas que viven o han vivido gordofobia. No te centres en las consecuencias de la gordofobia que afectan a las personas delgadas.

Libros recomendados

A continuación te dejo un listado de títulos que me han marcado y que pueden ser de ayuda en tu proceso:

Disponibles en español:

- *El Cuerpo no es una Disculpa*, Sonya Renee Taylor
- *Tienes Derecho a Permanecer Gorda*, Virgie Tovar
- *El Mito de la Belleza*, Naomi Wolf
- *Enfermas de Belleza*, Renee Eglin
- *Alimentación Intuitiva*, Evelyn Tribole y Elyse Resch

- *Bellas para Morir*, Esther Pineda
- *Acepta y Vuela*, Mara Jiménez
- *Al Diablo con las dietas*, Caroline Dooner
- *Hambre*, Roxanne Gay
- *Abril es mucho más que un mes*, Tamar Cohen
- *Cuerpos sin patrones*, Laura Contrera y Nicolás Cuello
- *Te lo digo por tu bien*, Agustina Cabaliero
- *El Peso que mas pesa*, Mariana Den Hollander
- *La Cirugía que más pesa*, Mariana Den Hollander
- *Aceptación radical*, Tara brach
- *Desear, gestar, parir con un cuerpo gordo*, Samanta Alonso y Carolina Pedini
- *Desbordar los pupitres, sin pedagogia no hay ESI*. Compiladores: Laura Contrera, Iris Luz Orellano, José Niñez, Ana Florencia Cararo Funes
- *Come sin hacer dieta. Una nueva forma de entender la nutrición*, Estefanía Fernandez, Victoria Lozada

Disponibles en inglés:

- *Body Respect*, Lindo Bacon y Lucy Aphramor
- *Body of Truth*, Harriet Brown
- *Anti Diet*, Christy Harrison
- *The Wellness Trap*, Christy Harrison
- *What we Don't Talk when we Talk About Fat*, Aubrey Gordon
- *Reclaiming Body Trust: A Path to Healing & Liberation*, Hilary Kinavey y Dana Sturtervant
- *Decolonizing Wellness*, Dalia Kinsey
- *Embody: learning to Love Your Unique Body (and quiet that critical voice)*, Connie Sobczak y Elizabeth
- *Fat Activism: A Radical Social Movement*, Charlotte Cooper

- *Fat!So?*, Marilyn Wann
- *Fearing The Black Body: The Racial Origins Of Fat Phobia*, Sabrina Stings
- *Foods Isn't Medicine*, Joshua Wolrich
- *Just Eat It*, Laura Thomas
- *Radical Belonging*, Lindo Bacon
- *The Fat Studies Reader*, Esther Rothblum
- *Unbearable Weight: Feminism, Western Culture and the Body*, Susan Bordo
- *You Just Need to Lose Weight: And 19 Other Myths About Fat People*, Aubrey Gordon
- *Unshrinking*, Kate Mann

Glosario de términos para un enfoque no centrado en peso*

Anorexia atípica. Es la presentación de anorexia nerviosa en personas que no tienen un peso considerado bajo con relación a los estándares de IMC (Índice de Masa Corporal). Es la más común entre las personas que presentan anorexia nerviosa.

Antidieta. Expresión que se refiere a estar en contra de la cultura de dietas bajo el entendido de que ésta hace daño.

Autocompasión. Implica tratarnos a nosotros mismos con la amabilidad que tratamos a los demás, reconociendo lo que tenemos en común con otros seres humanos y siendo conscientes de nuestras propias limitaciones.

Body Positive. El movimiento Body Positive o de positividad corporal es un movimiento psicosocial y cultural que surge como respuesta a las consecuencias negativas y a la violencia que provocan los inalcanzables estándares de belleza establecidos.

Bulimia. La bulimia nerviosa es un trastorno alimentario grave y potencialmente mortal que se caracteriza por ciclos de atracones y conductas compensatorias.

---

* Elaborado por Nutriológicas, equipo integrado por Ilana Borovoy, Raquel Lobatón y Gina Salame, en colaboración con ALICYA, Asociación por la Liberación Corporal y Alimentaria.

Capacitismo. El capacitismo es la discriminación y el prejuicio social contra las personas con discapacidad basado en la creencia de que las habilidades típicas son superiores. En esencia, el capacitismo tiene sus raíces en la suposición de que las personas con discapacidad requieren "arreglos" y determina a las personas en función de su discapacidad.

Centrado en peso. Es un enfoque a la salud que considera al peso como uno de los principales determinantes de esta, que asume que el peso del individuo está bajo su control, que presupone que la gordura es causa de enfermedad y que promueve la delgadez como sinónimo de salud.

Ciclaje de peso (*Weight Cycling*). También conocido como "efecto yoyo", se refiere a las fluctuaciones de peso que ocurren de forma constante en las personas que hacen dietas para perder peso.

Cirugía bariátrica. Se refiere a diversas intervenciones quirúrgicas que se realizan a nivel médico con la finalidad de que las personas pierdan peso.

Colonialismo. Es la forma de dominación política, social, cultural y económica que existe entre una potencia extranjera y otros países.

Comedores competentes. Competencia alimenticia, tal como se define en el modelo de competencia alimenticia de Ellyn Satter, es sentirse positivo, cómodo y flexible alrededor de los alimentos. Es poder ser prácticos y confiar en el cuerpo para poder comer suficientes alimentos placenteros y nutritivos.

Conducta alimentaria de riesgo. Se refiere a conductas normalizadas por la cultura de dieta que deterioran la relación con la comida y que aumentan el riesgo de presentar un TCA (Trastorno de la Conducta Alimentaria). Algunos ejemplos son: contar y medir la comida, leer etiquetas, consumo de anorexígenos, compensar con ejercicio, conteo de calorías.

Confianza corporal. Es el derecho que deberían tener todas las personas a vivir la vida que desean en el cuerpo que tienen, sin la necesidad de modificarlo para adecuarse a las demandas sociales de cómo debe lucir un cuerpo, y confiando en que nuestros cuerpos pueden guiarnos para tomar decisiones asertivas de alimentación y autocuidado.

Cosificar. Se refiere al hecho de reducir a un ser humano a la condición de cosa. Es reducir el cuerpo sujeto a un cuerpo objeto. Es un término muy usado en temas de género, aludiendo a la forma en que la mujer se ha reducido a ser un objeto decorativo o un objeto sexual en espacios diversos.

Cuerpo gordo. Aunque el término gordo o gorda debería ser considerado un adjetivo calificativo más, como alto o delgado, en nuestra sociedad gordofóbica está cargado de estigma. Los movimientos de liberación gorda pretenden rescatar el término para liberarlo de todas las connotaciones negativas que se le ha adjudicado.

Cuerpo hegemónico. Es aquel tipo de cuerpo que los grupos de poder han definido como el superior, el aspiracional, el más valioso y el deseable. En la cultura occidental hoy responde a un cuerpo blanco, delgado con rasgos eurocéntricos.

Cultura de dietas. Es el sistema de creencias que valora la delgadez como virtud y que demoniza la gordura, haciendo creer a las personas que si se alimentan de cierta forma podrían manipular la forma y tamaño de su cuerpo a voluntad. Este sistema también demoniza alimentos y nutrimentos al tiempo que eleva a otros a categorías superiores, moralizando la comida.

Determinantes sociales de salud. Son los factores socioculturales y ambientales que tienen un amplio impacto en la salud de las personas, pero que poco se toman en cuenta en un mundo salutista que pretende responsabilizar casi exclusivamente al individuo de su condición de salud o enfermedad. Estos factores incluyen temas de estatus socioeconómico, acceso a servicios de salud, acceso a alimentos, discriminación, marginación, contaminación ambiental, jornadas laborales y privilegios, entre otros.

Dieta (no el significado real, sino la definición que se le da en la cultura de dietas). En el sentido etimológico, dieta significa el conjunto de alimentos que comemos en un día. En la cultura de dietas, significa aquella alimentación que restringe cantidades o grupos de alimentos con la finalidad de perder peso y/o modificar el tamaño del cuerpo.

Dietante crónico. Aquella persona que ha vivido la mayor parte de su vida a dieta intentando encontrar aquella que le permita perder el peso de forma permanente.

Discriminación por peso. Trato diferente y perjudicial que se les da a las personas por vivir en un cuerpo de mayor tamaño.

Discriminación por peso normalizada. Trato diferente y perjudicial avalado por la cultura en la que se vive asumiendo que el tamaño del cuerpo es responsabilidad del individuo y es un problema que se tiene que resolver.

Dismorfia corporal. Trastorno mental caracterizado por una preocupación obsesiva de las características físicas de la persona que lo padece, en el cual se altera la autopercepción del cuerpo.

Diversidad corporal. La existencia natural de cuerpos distintos en la sociedad.

Estado nutricio. Condición física o estado de salud de una persona en función de los nutrimentos que ingiere, sus requerimientos individuales y el gasto energético.

Estándares de belleza. Conjunto de características que la cultura heteropatriarcal establece como deseables, bellas y atractivas en una persona. Las imposiciones de cómo debe lucir un cuerpo van cambiando a lo largo de los años.

Estigma de peso. Actitudes, creencias y suposiciones negativas hacia las personas gordas.

Feminismo. Movimiento social que exige igualdad de derechos de las mujeres frente a los hombres.

Gerontofobia. Desprecio hacia las personas viejas y miedo irracional a envejecer.

Gordofobia. Es el odio, rechazo y violencia que sufren las personas gordas por el hecho de ser gordas, bajo los prejuicios respecto a sus hábitos, costumbres y salud. La gordofobia se nutre de la creencia de que el cuerpo gordo responde a una falta de voluntad o de autocuidado, por lo cual merece el castigo o rechazo.

Gordofobia Internalizada. Autorrechazo que viven las personas gordas al sentir que merecen el desprecio y la violencia médica, institucional y social ocasionada por la gordofobia.

Gordofobia institucional. Trato diferencial discriminatorio hacia las personas gordas en los espacios públicos como servicios de salud, aulas escolares, políticas públicas, industria de la ropa y transporte público.

Gordofobia médica. Trato diferencial y discriminatorio por parte de los profesionales de salud hacia las personas gordas. Se basa en prejuicios y suposiciones acerca de los hábitos y estado de salud de estas personas. Estos prejuicios tienen impacto negativo en el diagnóstico y tratamiento del paciente.

Heteronormativo. Se refiere al régimen social, político y económico impuesto por el patriarcado, extendiéndose tanto dentro del ámbito público como del privado.

Homogeneizante. Que pretende encajar a las personas en un mismo molde.

Imagen corporal. Son los pensamientos, emociones y conductas que despiertan en una persona la forma en que percibe su cuerpo y la forma en que cree que los demás la perciben.

Incluyente en peso. Modelo de tratamiento basado en evidencia científica que promueve intervenciones centradas en el comportamiento y hábitos de las personas y no en su peso, con la finalidad de mejorar su calidad de vida.

Índice de Masa Corporal (IMC). Índice creado en 1832 por un matemático y estadístico belga cuyas intenciones eran describir al prototipo de "hombre ideal". Se desarrolló exclusivamente con mediciones a hombres blancos europeos. Posteriormente fue adoptado por las aseguradoras como una forma sencilla y económica para poder cobrar primas diferenciales entre sus clientes. Más adelante, la comunidad médica lo adoptó como un indicador de salud sin tener fundamentos para ello. Se calcula dividiendo el peso de la persona entre su estatura al cuadrado. Número completamente obsoleto que se calcula con base en el peso y la estatura de las personas y que ha sido utilizado por los sistemas de salud para determinar el estado de salud de una persona.

Cultura del bienestar (*wellness*). Conjunto de valores que equiparan ciertas conductas tradicionalmente asociadas a la salud con superioridad moral. Impone ciertas conductas y ciertos tipos de cuerpo como el camino para alcanzar la salud y esa supuesta rectitud.

Inseguridad alimentaria. Carencia de acceso regular a suficientes alimentos con el fin de lograr un crecimiento y desarrollo normal o esperado. Puede ser por falta de acceso a alimentos de calidad o por falta de recursos para obtenerlos. Tiene consecuencias negativas en la salud física y emocional de las personas que lo padecen.

Interseccionalidad. La interseccionalidad promueve una comprensión de los seres humanos moldeada por la interacción de diferentes identidades sociales (por ejemplo, raza/etnicidad, género, clase, sexualidad, geografía, edad, discapacidad/capacidad, estatus migratorio, religión). Estas interacciones ocurren dentro de un contexto de sistemas y estructuras de poder conectados, tales como leyes, políticas, gobiernos, instituciones religiosas y medios de comunicación). A través de tales procesos, se crean formas interdependientes de privilegio y opresión formadas por el colonialismo, el imperialismo, el racismo, la homofobia, el capacitismo y el patriarcado.

Justicia social. La justicia social se basa en la igualdad de oportunidades y en los derechos humanos, más allá del concepto tradicional de justicia legal. Está basada en la equidad y es imprescindible para que cada persona pueda desarrollar su máximo potencial y para una sociedad en paz.

Liberación corporal. Es la liberación de los cuerpos de sistemas opresivos sociales y políticos que designan a ciertos cuerpos como más valiosos, saludables y deseables que otros.

Límites. Es el derecho de las personas de exigir a los demás el respeto de nuestras decisiones con respecto a nuestro cuerpo y nuestra forma de alimentarnos.

Mandato de delgadez. Se refiere a la creencia de que todas las personas pueden y deben ser delgadas bajo el supuesto de que solo los cuerpos delgados son saludables y/o bellos.

Movimiento placentero. El movimiento gozoso es una forma de abordar la actividad física que enfatiza el placer. Reconoce el derecho al descanso, así como los beneficios de este, y la elección de participar o no en él.

Neutralidad corporal. Enfoque que promueve la idea de ver al cuerpo como algo neutro, sin la necesidad de alabarlo, sino aceptándolo como es y sin "obligarse" a quererlo constantemente.

Nutricionismo. Un enfoque nutricional reduccionista que enfatiza la importancia de los nutrimentos y compuestos específicos en los alimentos como si esto fuera lo único relevante, y sin considerar a los alimentos como un todo que forma parte de un contexto más amplio en el que las personas se alimentan de formas diversas.

Opresión. La opresión social es un concepto que describe la relación entre dos categorías de personas en las que una se beneficia del abuso y la explotación sistemáticos de la otra.

Ortorexia. Interés obsesivo en la alimentación "saludable", de acuerdo con lo que establecen las teorías alimentarias o una serie de creencias cuyos detalles particulares pueden variar. Se caracteriza por una ansiedad emocional exagerada en relación con las opciones alimentarias que se consideran poco sanas. Es posible que la persona experimente una pérdida de peso debido a las elecciones alimentarias, pero éste no es el objetivo principal.

Paradigma. Es una teoría o conjunto de teorías que sirve de modelo a seguir para resolver problemas. El origen de la palabra paradigma se encuentra en el griego antiguo *παράδειγμα* (parádeigma) que significa "modelo" o "ejemplo".

Patriarcado. El patriarcado es un sistema de dominio institucionalizado que mantiene la subordinación e invisibilización de las mujeres y todo aquello considerado como "femenino", con respecto a los varones y lo "masculino", creando así una situación de desigualdad estructural basada en la pertenencia a determinado "sexo biológico". Tiene su origen histórico en la familia, cuya jefatura ejerce el padre y se proyecta a todo el orden social. Esta situación se mantiene a través de regímenes, hábitos, costumbres, prácticas cotidianas, ideas, prejuicios, leyes e instituciones sociales, religiosas y políticas que definen y difunden una serie de roles a través de los cuales se vigila, se apropia y se controlan los cuerpos de las mujeres, a quienes no se les permite gozar de una completa igualdad de oportunidades y derechos.

Pesocentrismo. Enfoque a la salud que se basa en los siguientes supuestos:

1) La creencia de que el peso está bajo control individual, 2) que el aumento de peso es causado por un desequilibrio en la ingesta calórica y el gasto de energía, 3) la creencia de que el estado de salud se puede predecir por el peso,

4) la suposición de que un peso corporal elevado causa enfermedad y muerte prematura 5) la creencia de que la modificación en los hábitos de alimentación y movimiento pueden permitir la pérdida de peso sostenible y permanente en el largo plazo y 6) la creencia de que perder peso automáticamente acarrea mejorías a la salud.

Privilegio. Desde la perspectiva de la justicia social crítica, privilegio se define como una dominación otorgada de manera sistémica y los procesos institucionales mediante los cuales las creencias y valores de un grupo dominante son "hechos normales" y universales. Si bien en algunos casos el grupo privilegiado es también la mayoría numérica, el criterio principal es el poder social e institucional.

Privilegio de delgadez. El privilegio de la delgadez representa todos los beneficios sociales, financieros y culturales que una persona obtiene por el simple hecho de ser delgada.

Salud En Todas Las Tallas® (HAES). Un paradigma de salud que fomenta la aceptación de todos los tamaños de cuerpo intentando terminar con la discriminación por el peso y disminuir la obsesión cultural con la pérdida de peso y la delgadez. Parte de la premisa de que todas las personas pueden mejorar su salud y bienestar sin la necesidad de perder peso.

Salutismo. Sistema de creencias que concibe la salud como la responsabilidad de un individuo y valora la búsqueda de la salud sobre todo lo demás. Ignora el impacto de la pobreza, la opresión, la salud mental y el medio ambiente. Juzga a las personas por su estado de salud y su manera de alimentarse ignorando la desigualdad social y la disparidad en los sistemas de salud.

Sesgo de peso. Actitudes, creencias, suposiciones y juicios negativos relacionados con el peso de las personas gordas.

Trastornos de la Conducta Alimentaria (TCA). Son enfermedades mentales y físicas graves, pero tratables, que pueden afectar a personas de todos los géneros, edades, razas, religiones, etnias, orientaciones sexuales, formas corporales y pesos. Tienen en común la presencia de una relación patológica o disfuncional con la comida y con el cuerpo.

Terapia Médico Nutricional (MNT). Es el abordaje que se le da a diversas patologías desde el punto de vista de alimentación bajo el entendido de que ciertas recomendaciones alimentarias pueden mejorar la salud y la calidad de vida del individuo.

Bibliografía

1 *Online Etymology Dictionary*. https://www.etymonline.com/word/obesity.

2 Your Fat Friend, "The Bizarre and Racist History of the bmi", *Elemental / Medium*, 2019. https://elemental.medium.com/the-bizarre-and-racist-history-of-thebmi-7d8dc2aa33bb.

3 Ngozi Adichie, Ch., "El peligro de la historia única", YouTube, 7 de octubre de 2009. https://www.youtube.com/watch?v=D9Ihs241zeg&t=608s.

4 Sinclair, U., *I, Candidate for Governor: And How I Got Licked*, University of California Press, 1994.

5 Goldberg, C., "Study: Bias Drops Dramatically For Sexual Orientation And Race — But Not Weighthttps", *WBUR News*, 2019. www.wbur.org/news/2019/01/11/implicit-bias-gay-black-weight.

6 Manne, K., *Unshrinking. How to Face Fatphobia*, Penguin Random House, 2024, p. 11.

7 The Business Research Company, "Weight Loss Products and Services Global Market Report 2024", 2024. https://www.researchandmarkets.com/report/weight-loss-product?gad_sour%20ce=1&gclid=CjwKCAiAg9urBhB_EiwAgw88mSlmfzWSGs0RNAKN2_pEERW8Uh0QXuc0QmkG16Ah_%20rwFd6_0qCye-RoCpzEQAvD_BwE.

8 McLaren-Hume, M. y Stunkard, A., "The Results of Treatment for Obesity: A Review of the Literature and Report of a Series", *AMA Archives Internal Medicine*, 1959. https://www.semanticscholar.org/paper/Theresults-of-treatment-for-obesity%3A-a-review-of-a-Stunkard-McLAREN-HUME/a811f31ef4662b48d5f340db30f1c418b-b47e266.

Ahlstrom, B., Traci Mann y A. J. Tomiyama, "Long-term Effects of Dieting: Is Weight Loss Related to Health?", *Social and Personality Psychology Compass*, 2013. https://compass.onlinelibrary.wiley.com/doi/abs/10.1111/spc3.12076

Ahmed, W., et al., "Comparison of Dietary Macronutrient Patterns of 14 Popular Named Dietary Programmes for Weight and Cardiovascular Risk Factor Reduction in Adults: Systematic Review and Network Meta-analysis of Randomised Trials", *The BMJ*, 2020. https://pubmed.ncbi.nlm.nih.gov/32238384/.

9 Chatman, J., *et al.*, "Medicare's Search for Effective Obesity Treatments: Diets Are Not the Answer", 2007. https://pubmed.ncbi.nlm.nih.gov/17469900/.

10 Jordan Shelton, S., "In the Spotlight with Tanya Geisler, Featuring Staci Jordan Shelton", 2017. https://tanyageisler.com/blog/itsstaci.

11 Cartwright, M., "Vendado de pies", *World History Encyclopedia en español*, 2017. https://www.worldhistory.org/trans/es/1-16343/vendado-de-pies/.

12 Cluzel, C. "Mauritania, donde la obesidad es el ideal de belleza", *El País*, 2021. https://elpais.com/planeta-futuro/2021-06-03/mauritania-donde-la-obesidad-es-el-ideal-de-belleza.html.

13 "Get The Facts", National Organization for Women. https://now.org/now-foundation/love-your-body/love-your-body-whats-it-all-about/get-the-facts/.

14 Shackelford, A., *Executive Report Fat Census 2017*, Free Figure Revolution, Atlanta, Georgia, 2018. https://www.freefigure.org/executivesummary.

15 Chatman, J., *et al.*, *op. cit.*

Anderson, J. W., *et al.*, "Long-term Weight-loss Maintenance: A Meta-analysis of U. S. Studies", 2001. https://pubmed.ncbi.nlm.nih.gov/11684524/.

Miller, W. C., "How Effective are Traditional Dietary and Exercise Interventions for Weight Loss?", *Medicine and Science Sports Exercise*, 1999. https://pubmed.ncbi.nlm.nih.gov/10449014/.

16 "The U.S. Weight Loss & Diet Control Market", Business Wire. https://www.businesswire.com/news/home/20230505005166/en/United-States-Weight-Loss-Diet-Control-Market-Report-2023-The-75-Billion-Market-Grew-Nearly-15-in-2022-from-the-Depressed-Level-of-2020---ResearchAndMarkets.com.

17 Organización de las Naciones Unidas, Noticias ONU, Mirada global. Historias humanas, 2021. https://news.un.org/es/story/2021/11/1499672#:~:text=Con%2045%20millones%20de%20personas,estimados%20a%20principios%20de%202021.

18 Strings, S., *Fearing the Black Body*, New York University Press, 2019.

19 Hyunwon, Y., *et al.*, "Chronic Caloric Restriction Induces Forestomach Hypertrophy with Enhanced Ghrelin Levels During Aging", *Peptides*, 2007. https://pubmed.ncbi.nlm.nih.gov/17875344/.

Aveleira, C. A., *et al.*, "Caloric Restriction Stimulates Autophagy in Rat Cortical Neurons Through Neuropeptide Y and Ghrelin Receptors Activation", *Aging*, 2016. https://pubmed.ncbi.nlm.nih.gov/27441412/.

Angali, K. A., *et al.*, "Effect of Fasting-mimicking Diet or Continuous Energy Restriction on Weight Loss, Body Composition, and Appetite-regulating Hormones Among Metabolically Healthy Women with Obesity: A Randomized Controlled, Parallel Trial", *Obesity Surgery*, 2021. https://pubmed.ncbi.nlm.nih.gov/33420673/.

20 Bianco, A., *et al.*, "Effects of Eight Weeks of Time-restricted Feeding (16/8) on Basal Metabolism, Maximal Strength, Body Composition, Inflammation, and Cardiovascular Risk Factors in Resistance-trained Males", *The Journal of Translational Medicine*, 2016. https://pubmed.ncbi.nlm.nih.gov/27737674/.

21 Bonaparte Auguste, C., "Weight Loss and Appetite Control in Women", *Current Obesity Reports*, 2017. https://pubmed.ncbi.nlm.nih.gov/28762102/.

22 Brychta, R., *et al.*, "Persistent Metabolic Adaptation 6 Years After 'The Biggest Loser' Competition", *Obesity. A Research Journal*, 2016. https://onlinelibrary.wiley.com/doi/full/10.1002/oby.21538.

Anekwe, Ch., "Exercise, Metabolism, and Weight: New Research from *The Biggest Loser*", *Harvard Health Publishing*, 2022. https://www.health.harvard.edu/blog/exercise-metabolism-and-weight-new-research-from-the-biggest-loser-202201272676.

23 Mendonca, S., "Former Contestant Slams 'The Biggest Loser,' Others Stand By Show", YouTube, 29 de enero de 2015. https://www.youtube.com/watch?v=wU1a_N0Lo5s.

Mendonca, S., "Former 'Biggest Loser' Contestant Says the Show Ruins Lives", YouTube, 23 de mayo de2016. https://www.youtube.com/watch?v=HmtbL4j9_hw.

24 Brozek, J., *et al.*, "The Biology of Human Starvation", *American Journal of Public Health*, 1951. https://www.ncbi.nlm.nih.gov/pmc/articles/PMC1526048/?page=2.

25 Proietto, J. y P. Sumithran, "The Defence of Body Weight: A Physiological Basis for Weight Regain After Weight Loss", *Clinical Science*, 2013. https://pubmed.ncbi.nlm.nih.gov/23126426/.

26 "Male-pattern Baldness and Premature Greying Associated with Risk of Early Heart Disease", The European Society of Cardiology, 2017. https://www.escardio.org/The-ESC/Press-Office/Press-releases/male-pattern-baldness-and-premature-greying-associated-with-risk-of-early-heart-disease.

27 Berger, M. y Z. Sarnyai, "'More Than Skin Deep': Stress Neurobiology and Mental Health Consequences of Racial Discrimination", *Stress. The International Journal on the Biology of Stress*, 2015. https://pubmed.ncbi.nlm.nih.gov/25407297/.

McKinnon, I., *et. al.* "Everyday Discrimination and Mental Stress-Induced Myocardial Ischemia", Psychosomatic Medicine, 2021, https://pubmed.ncbi.nlm.nih.gov/34080584/.

Williams, D. R., "Race, Socioeconomic Status, and Health. The Added Effects of Racism and Discrimination", *Annals of the New York Academy of Sciences*, 1999. https://pubmed.ncbi.nlm.nih.gov/10681897/.

28 Puhl, R. y S. Young, "Health Consequences of Weight Stigma: Implications for Obesity Prevention and Treatment", *Current Obesity Reports*, 2015. https://pubmed.ncbi.nlm.nih.gov/26627213/.

Brewis, A., *et al.*, "How and Why Weight Stigma Drives the Obesity 'Epidemic' and Harms Health", *BMC Medicine*, 2018. https://pubmed.ncbi.nlm.nih.gov/30107800/.

29 Dulloo, A. G., J. P. Montani e Y. Schutz, "Dieting and Weight Cycling as Risk Factors for Cardiometabolic Diseases: Who is Really at Risk?", *Obesity Reviews*, 2015. https://pubmed.ncbi.nlm.nih.gov/25614199/.

Hocking, S. L., *et al.*, "The Impact of Weight Cycling on Health Outcomes in Animal Models: A Systematic Review and Meta-analysis", *Obesity Reviews*, 2022. https://pubmed.ncbi.nlm.nih.gov/35075766/.

Brown, W. J., *et al.*, "Is Weight Cycling Associated with Adverse Health Outcomes? A Cohort Study", *Preventive Medicine*, 2018. https://pubmed.ncbi.nlm.nih.gov/29277416/.

Duan, W., *et al.*, "Association Between Weight Cycling and Risk of Developing Diabetes in Adults: A Systematic Review and Meta-analysis", *Journal of Diabetes Investigation*, 2021. https://pubmed.ncbi.nlm.nih.gov/32745374/.

30 Manne, K., *Unshrinking. How to Face Fatphobia*, *op. cit.*, p. 41.

31 Bombak, A., *et al.*, "Discrimination in the Health Care System Among Higher-weight Adults: Evidence from a Canadian National Cross-sectional Survey", *Health Promotion and Chronic Disease Prevention in Canada*, 2020. https://pubmed.ncbi.nlm.nih.gov/33296298/.

32 Bagley, C. R., *et al.*, "Attitudes of Nurses Toward Obesity and Obese Patients", *Perceptual and Motor Skills*, 1989. https://pubmed.ncbi.nlm.nih.gov/2748311/.

33 Burgess, D. J., *et al.*, "Impact of Weight Bias and Stigma on Quality of Care and Outcomes for Patients with Obesity", *Obesity Reviews*, 2015. https://www.ncbi.nlm.nih.gov/pmc/articles/PMC4381543/.

34 Brown, H., "How Obesity Became a Disease", *The Atlantic*, 2015.
https://www.theatlantic.com/health/archive/2015/03/how-obesity-became-a-disease/388300/.

35 Albala, C., *et al.*, "Obesity as a Protective Factor for Postmenopausal Osteoporosis", *International Journal of Obesity and Related Metabolic Disorders*, 1996. https://europepmc.org/article/med/8923160/reload=0.

36 Errigo, A., *et al.*, "Overweight: A Protective Factor Against Comorbidity in the Elderly", *International Journal of Environmental Research and Public Health*, 2019. https://www.ncbi.nlm.nih.gov/pmc/articles/PMC6801595/.

37 The Insight Partners, "Diet Pills Market Size Worth $2.27Bn, Globally, by 2028 at 10.4% CAGR", *PR Newswire*, 2022. https://www.prnewswire.com/news-releases/diet-pills-market-size-worth-2-27bn-globally-by-2028-at-10-4-cagr---exclusive-report-by-the-insight-partners-301517522.html/.

38 Berg, S., "AMA: Use of BMI Alone Is an Imperfect Clinical Measure", American Medical Association (AMA), 2023. https://www.ama-assn.org/delivering-care/public-health/ama-use-bmi-alone-imperfect-clinical-measure.

39 Chastain, R., "The Problem with the AMA's New BMI Policy", Weight and Healthcare, 2023. https://weightandhealthcare.substack.com/p/the-problem-with-the-amasnew-bmi.

40 Mysorekar, S., "Homosexuality Is not a Disease", D+C, 2019. https://www.dandc.eu/en/article/world-health-organization-considers-homosexuality-normal-behaviour.

41 Pollan, M., "Unhappy Meals", *The New York Times Magazine*, 2007. https://michaelpollan.com/articles-archive/unhappy-meals/.

42 GoInvo, "Determinants of Health", 2018. https://www.goinvo.com/vision/determinants-of-health/.

43 Fletcher, P., M. L. Westwater y H. Ziauddeen, "Sugar Addiction: The State of the Science", *European Journal of Nutrition*, 2016. https://link.springer.com/article/10.1007/s00394-016-1229-6.

44 "Yale Food Addiction Scale (YFAS)", Millisecond, 2009. https://www.millisecond.com/download/library/yalefoodaddictionscale?acid=18&gad_source=1&gclid=CjwKCAiAg9urBhB_EiwAgw88mVH_KK59N6Zxot2WqeHgwMD72Kge8ug1PRHx0oR_S4YgLTd7AwUMLBoCi6cQAvD_BwE.

45 Fletcher, P., M. L. Westwater y H. Ziauddeen, *op. cit.*, p. S55.

46 Kübler-Ross, E., *On Death & Dying: What the Dying Have to Teach Doctors, Nurses, Clergy & Their Own Families*, Scribner, 2014.

47 Steinem, G., *The Truth Will Set You Free, But First It Will Piss You Off!*, Random House, 2019.

48 Neff, K., *Autocompasión fiera. Cómo las mujeres pueden utilizar la amabilidad para expresarse, empoderarse y crecer*. Ediciones Paidós, 2022, p. 77.

49 Brach, T., *Radical Acceptance. Embracing Your Life with the Heart of a Buddha*, Bantam Books, 2004.

50 Renee Taylor, S., *The Body Is Not an Apology. The Power of Radical Self-love*, Berrett-Koehler Publishers, 2018.

51 Brown, B., *I Thought It Was Just Me (but it isn't): Making the Journey from "What Will People Think?" to "I Am Enough"*, Avery, 2007. https://brenebrown.com/book/i-thought-it-was-just-me/.

52 Neff, K., *Self-compassion: The Proven Power of Being Kind to Yourself*, HarperCollins, 2015.

53 "Definition of Intuitive Eating", The Original Intuitive Eating Pros. http://www.intuitiveeating.org/definition-of-intuitive-eating/.

54 Resch, E. y E. Tribole, *Intuitive Eating, 4th Edition: A Revolutionary Anti-diet Approach*, St. Martin's Essentials, 2020.

55 Asociación por la Liberación Corporal y Alimentaria (Alicya). https://alicya.org/.

56 Association for Size Diversity and Health, (ASDAH). https://asdah.org/.

57 Everett, Ch. J., D. E. King y E. M. Matheson, "Healthy Lifestyle Habits and Mortality in Overweight and Obese Individuals", *Journal of the American Board of Family Medicine*, 2012. https://pubmed.ncbi.nlm.nih.gov/22218619/.

58 Bundros, J., *et al.*, "Impact of Non-diet Approaches on Attitudes, Behaviors, and Health Outcomes: A Systematic Review", *Journal of Nutrition Education and Behavior*, 2015. https://pubmed.ncbi.nlm.nih.gov/25754299/.

Hunger, J. M., J. P. Smith y A. J. Tomiyama, "An Evidence-Based Rationale for Adopting Weight-Inclusive Health Policy", *Social Issues and Policy Review*, 2020. http://www.jeffreyhunger.com/uploads/3/4/4/8/34481134/hunger_smith___tomiyam__2020__-_sipr.pdf.

Bacon, L. y L. Aphramor, "Weight Science: Evaluating the Evidence for a Paradigm Shift", *Nutritional Journal*, 2011. https://nutritionj.biomedcentral.com/articles/10.1186/1475-2891-10-9.

59 Arterburn, D. E., *et al.*, "Long-term Outcomes of Bariatric Surgery: A National Institutes of Health symposium", *JAMA Surgery*, 2014. https://pubmed.ncbi.nlm.nih.gov/25271405/.

60 Callejas, F., *et al.*, "Long-term Weight Regain After Gastric Bypass: A 5-Year Prospective Study", *Obesity Surgery*, 2008. https://pubmed.ncbi.nlm.nih.gov/18392907/.

61 Den Hollander, M., *La cirugía que más pesa. Mi camino con manga y* bypass *gástrico*, publicación independiente, 2021.

62 Johnston, A., Instagram, 1 de enero de 2023. https://www.instagram.com/dranitajohnston/p/Cm4wij5tmuu/.

63 Wolf, N., *El mito de la belleza*, Editorial Continta Me Tienes, 2020, p. 297.

64 Woolf, V., *Una habitación propia*, Hogarth Press, Inglaterra, 1929.

65 Hughes, G., *Political Correctness: A History of Semantics and Culture*, Wiley-Blackwell, 2009.

66 Krueger, N., S. Luebberding y N. S. Sadick, "Cellulite: An Evidence-Based Review", *American Journal Clinical Dermatology*, 2015. https://link.springer.com/article/10.1007/s40257-015-0129-5.

67 Müller, G. y F. Nürnberger, "So-Called Cellulite: An Invented Disease", *Journal of Dermatologic Surgery and Oncology*, 1978. https://pubmed.ncbi.nlm.nih.gov/632386/.

68 "Cellulite Treatment Market Size, Share & Trends Analysis Report By Procedure Type (Non-invasive, Minimally Invasive, Topical), By Cellulite Type (Soft, Hard, Edematous), By End-use, By Region, And Segment Forecasts, 2023-2030", Grand View Research, 2023. https://www.grandviewresearch.com/industry-analysis/cellulite-treatment-market.

69 Pineda, E., *Bellas para morir. Estereotipos y violencia estética contra la mujer*, publicación independiente, 2021. pp. 13 y 150.

70 Committee Opinion on Obstetric Practice, "Weight Gain During Pregnancy", The American College of Obstetricians and Gynecologists, 2013. https://www.acog.org/clinical/clinical-guidance/committee-opinion/articles%20/2013/01/weight-gain-during-pregnancy#:~:text=Given%20the%20limited%%2020data%20by,births%20and%20postpartum%20weight%20retention.

71 Castelo-Branco, C., *et al.*, "Understanding Weight Gain at Menopause", *Climacteric*, 2012. https://pubmed.ncbi.nlm.nih.gov/22978257/.

72 Bijani, A., "Association Between Body Fat and Bone Mineral Density in Non-obese Post-menopausal Women Over 60 Years Old", *Caspian Journal Internal Medicine*, 2021. https://www.ncbi.nlm.nih.gov/pmc/articles/PMC8111810/#B15.

Camargo, M., *et al.*, "Lean Mass As a Determinant of Bone Mineral Density of Proximal Femur in Postmenopausal Women", *Archives Endocrinology Metabolism*, 2028. https://pubmed.ncbi.nlm.nih.gov/30304107/.

Ho-Pham, L. T., *et al.*, "Contributions of Lean Mass and Fat Mass to Bone Mineral Density: A Study in Postmenopausal Women", *BMC Musculoskeletal Disorders*, 2010. https://www.ncbi.nlm.nih.gov/pmc/articles/PMC2867833/.

Bezerra, F. F., *et al.*, "Association between Fat Mass and Bone Mineral Density Among Brazilian Women Differs by Menopausal Status: The Pró-Saúde Study", *Nutrition*, 2017. https://pubmed.ncbi.nlm.nih.gov/27908545/.

Mangklabruks, A., *et al.*, "Effect of Fat Mass and Lean Mass on Bone Mineral Density in Postmenopausal and Perimenopausal Thai Women", *International Journal Women's*

Health, 2013. https://www.ncbi.nlm.nih.gov/pmc/articles/PMC3589079/.

Jo, Y. H., *et al.*, "Association between Abdominal Obesity and Lumbar Bone Mineral Density According to the Postmenopausal Period in Korean Women", *Journal of Obesity Metabolic Syndrome*, 2017. https://www.ncbi.nlm.nih.gov/pmc/articles/PMC6484913/.

73 Wolf, N., *El mito de la belleza*, *op. cit.*, p. 288.

74 Arcelus, J., *et al.*, "Mortality Rates in Patients with Anorexia Nervosa and Other Eating Disorders: A Meta-analysis of 36 Studies", *Archives of General Psychiatry*, 2011, pp. 724-731.

75 Hiripi, E., *et al.*, "The Prevalence and Correlates of Eating Disorders in the National Comorbidity Survey Replication", *Biological Psychiatry*, 2007, pp. 348-538.

76 Douglas Bunell (coord.), "Statistics", *National Eating Disorders Association*. https://www.nationaleatingdisorders.org/statistics/.

77 "Estadísticas sobre los TCA", Asociación TCA Aragón. Sumando Voces contra los Trastornos de la Conducta Alimentaria, 2020. https://www.tca-aragon.org/2020/06/01/estadisticas-sobre-los-tca/.

78 Crago, M., C. M. Shisslak y L. S. Estes, "The Spectrum of Eating Disturbances", *International Journal of Eating Disorders*, 1995. https://pubmed.ncbi.nlm.nih.gov/8556017/.

79 Jacobs Brumberg, J., *Fasting Girls. The History of Anorexia Nervosa*, Vintage, 2000.

80 https://www.cambridge.org/core/journals/the-british-journal-of-psychiatry/article/eating-behaviours-and-attitudes-following-prolonged-exposure-to-television-among-ethnic-fijian-adolescent-girls/44470008998A2B-5155CE9C9691243D76

81 Agnew-Blais, J., *et. al.*, "Social Network Media Exposure and Adolescent Eating Pathology in Fiji", *The British Journal Psychiatry*, Cambridge University Press, 2011. https://www.ncbi.nlm.nih.gov/pmc/articles/PMC3014464/.

Esta obra se terminó de imprimir
en el mes de julio de 2024,
en los talleres de Impresora Tauro, S.A. de C.V.
Ciudad de México.